MANDARIN UNVEILED

www.royalcollins.com

MANDARIN UNVEILED

A Deep Dive into Chinese for Advanced Learners

Edited by GUO XI

RC

Books Beyond Boundaries

ROYAL COLLINS

Mandarin Unveiled:
A Deep Dive into Chinese for Advanced Learners

Edited by Guo Xi

First published in 2024 by Royal Collins Publishing Group Inc.
Groupe Publication Royal Collins Inc.
BKM Royalcollins Publishers Private Limited

Headquarters: 550-555 boul. René-Lévesque O Montréal
(Québec) H2Z1B1 Canada
India office: 805 Hemkunt House, 8th Floor, Rajendra Place,
New Delhi 110 008

ISBN: 978-1-4878-1173-0

To find out more about our publications,
please visit www.royalcollins.com.

目录
CONTENTS

SECTION ONE HUMOROUS STORIES

SECTION TWO PHILOSOPHICAL TALES

SECTION THREE ORDINARY VIRTUES

SECTION FOUR CULTURAL KALEIDOSCOPE

SECTION FIVE MODERN CHINA

SECTION ONE

HUMOROUS STORIES

工作也幽默
Work with Humor

Clue

The server implied the gentleman could be even more generous with his gratuity than the customer who left a big tip the day before.

　　一位先生在餐厅吃晚饭，结账后准备起身离开。站在一边的服务员见他无意付小费，忙说："先生，您相信历史会重演吗？"

　　"我相信。"

　　"昨天坐这张桌子的一位顾客，给了我六十美元的小费。"

　　"也许，他今天还会来。"

Glossary

1. 结账：check out

   Ex.: 我们吃完饭后，我去柜台结账。

   —After we finished eating, I went to the counter to check out.

2. 小费：tip

   Ex.: 在美国，给服务员留小费是很常见的习惯。

   —In America, it's a common custom to leave a tip for the server.

3. 重演：happen again

   Ex.: 他不希望过去的错误再次重演。

   —He doesn't want the mistakes of the past to happen again.

 **Exercise**

请同时用"结账"和"小费"造句，并在与文中不同的情景下使用。

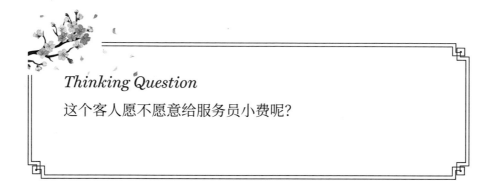

Thinking Question

这个客人愿不愿意给服务员小费呢？

我看，完了！

I Think It's Over

 Clue

In Chinese, the placement of sentence breaks can drastically alter the meaning of a sentence.

小明明天就要考试了，但晚上却在看电视（kàn diàn shì）。

小明妈妈担心地问："书都看完了吗？明天要考试啊！"

小明回答："妈，我看完了。"

小明妈妈就很开心地夸（kuā）小明："乖，那明天你一定考得很好呢！"

小明却无奈（wú nài）地说："妈，我是说'我看，完了！'"

 **Glossary**

1. 看电视（kàn diàn shì）：watch TV

    Ex.: 每天下班后，他都会看电视放松一下。

    —After work every day, he would watch TV to relax.

2. 夸（kuā）：praise

    Ex.: 老师经常夸他学习认真，成绩优秀。

    —The teacher often praises him for his diligence and excellent grades.

3. 无奈（wú nài）：cannot help but

    Ex.: 对他的决定，我感到很无奈。

    —I cannot help but feel helpless about his decision.

Exercise

"完了" 在口语中还有哪些表达?

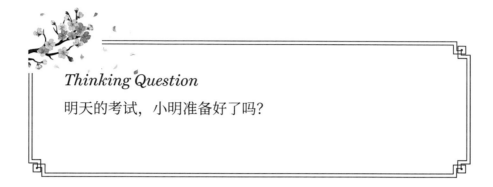

Thinking Question

明天的考试, 小明准备好了吗?

露营时的感想
Thoughts on Camping

 Clue

Holmes and Watson were initially dozing off inside their tent when they suddenly looked up and beheld the vast expanse of twinkling stars above.

　　神探福尔摩斯与华生去露营，两人在满天星星下扎营睡觉。睡至半夜，福尔摩斯突然摇醒华生，问他：“华生，你看这满天星星，有什么想法？”

　　华生答道：“我看见无数星星，当中可能有些像地球一样，如果真的有星星跟地球一样，也许上面会有生命存在。”

　　“华生，你真笨！”福尔摩斯无奈地说，“你难道没发现，有人偷了我们的帐 篷吗？”

 Glossary

1. 神探：godly detective

   Ex.：这部电视剧的主角是一位神探，他总能解开最复杂的案件。

   —The protagonist of this TV show is a godly detective who can always solve the most complicated cases.

2. 露营：camp

   Ex.：每年夏天，我们都会去山上露营。

   —Every summer, we go to the mountains to camp.

3. 扎营：encamp

   Ex.：探险队在山脚下扎营，准备第二天早上开始攀登。

—The expedition team encamp at the foot of the mountain, preparing to start climbing the next morning.

4. 帐 篷:tent

zhàngpeng

Ex.: 我们在沙滩上搭起了帐篷，准备在那过夜。

—We pitched a tent on the beach, planning to spend the night there.

Exercise

除了"帐篷"，还有哪些物品会在露营时使用?

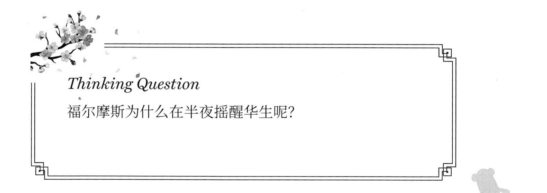

Thinking Question

福尔摩斯为什么在半夜摇醒华生呢?

做人要厚道
Be Generous

Clue

The key is to understand the musicality of Chinese language.

　　那天早上，我起床，然后急匆匆^{jí cōngcōng}地赶到学校，可惜又迟到了，我怯生生^{qiè shēngshēng}地走到教室门口对正在上课的老师说："报告！"

　　老师斜着看了我一眼，气呼呼地说："你怎么又迟到，太不像话^{bù xiàng huà}了。"

　　我低着头，也不知道为什么就莫名其妙地回了一句："老师，您不是常教育我们做人要厚道吗？所以我每次都是最后才到啊。"

Glossary

1. 急匆匆^{jí cōngcōng}：hurried

   Ex.: 他急匆匆地吃完早餐，然后赶去上班。

   —He had breakfast in a hurried manner then rushed to work.

2. 怯生生^{qiè shēngshēng}：timidly

   Ex.: 新来的小猫在角落里怯生生地看着我们。

   —The new kitten is timidly watching us from the corner.

3. 不像话^{bù xiàng huà}：out of line

   Ex.: 他对老人的态度真是不像话，完全缺乏尊重。

   —His attitude toward the elderly is completely out of line, lacking any respect.

Exercise

请用"厚道"造句，并在与文中不同的情景下使用。

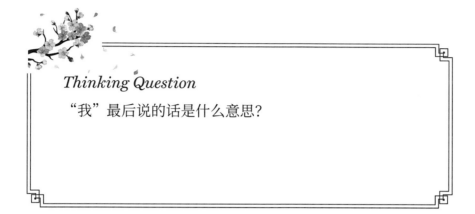

Thinking Question

"我"最后说的话是什么意思？

今天的水又没开
Today's Unboiling Water

 Clue

The boy mistakenly thought the girl was concerned about his well-being when she was preoccupied with whether the water was boiling today.

一个男生去学校的开水房打开水，进去才发现里面已经排满了女生，他精神抖擞地进去，潇洒^{xiāo sǎ}地排队。

轮到那男生打水时，不料开水突然溅到男生手上，好痛啊……但为了保持风度^{fēng dù}，他咬着牙装作^{zhuāng zuò}没事的样子。身边的一位漂亮女生关心地问：“没事吧？”

男生很感动地说：“没事，没事！”

那女生听了，回头对后边的女生说：“真讨厌，今天的水又没开！”

Glossary

1. 潇洒^{xiāo sǎ}：unrestrained

   Ex.: 他的舞蹈动作潇洒，赢得了观众的掌声。

   —His dance moves were unrestrained, winning applause from the audience.

2. 风度^{fēng dù}：poise

   Ex.: 无论何时何地，他都保持着优雅的风度。

   —No matter when or where, he always maintains an elegant poise.

3. 装作^{zhuāng zuò}：pretend to

   Ex.: 他装作没听见我说的话，继续玩他的游戏。

   —He pretended not to hear what I said and continued to play his game.

 **Exercise**

请同时用"潇洒"和"风度"造句，并在与文中不同的情景下使用。

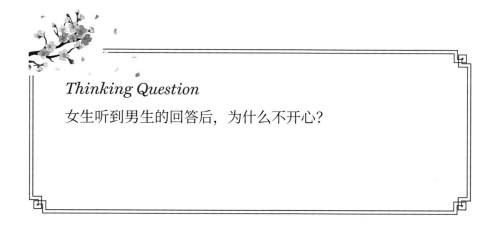

Thinking Question

女生听到男生的回答后，为什么不开心？

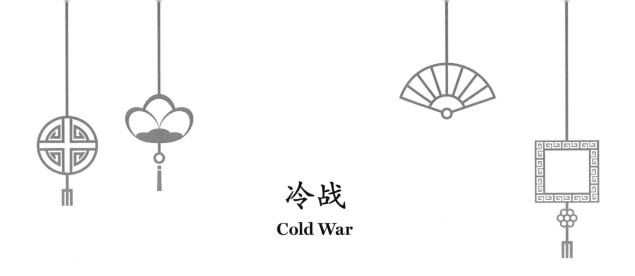

冷战
Cold War

 Clue

Breaking a Chinese sentence at different points can lead to entirely different meanings.

妻子跟丈夫冷战，丈夫为她订购了一束鲜花，并让卖花人在卡片上写："我很后悔，我爱你！"但鲜花送到妻子手里时，她更加生气了。原来，卡片上写着："我很后悔我爱你！"

 **Glossary**

1. 冷战：cold war

    Ex.: 他们两人吵架后，开始了一段持久的冷战。

    —After their argument, they started a protracted cold war, neither willing to break the stalemate.

2. 订购：order

    Ex.: 我已经在网上订购了新的电脑配件。

    —I have already ordered new computer accessories online.

3. 后悔：regret

    Ex.: 我没有及时投资，现在非常后悔。

    —I didn't invest in time, and now I regret it very much.

Exercise

请用"冷战"造句，并在与文中不同的情景下使用。

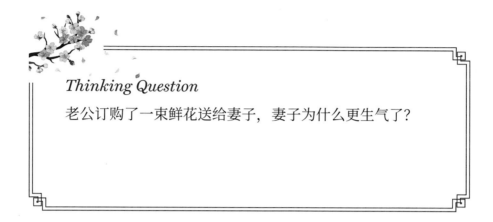

Thinking Question

老公订购了一束鲜花送给妻子，妻子为什么更生气了？

职业习惯
Professional Habits

(一)

Clue

Police officers, lawyers, and psychologists all display behaviors that align with their professional standards.

农场的奶牛逃跑了，警察们帮忙去找。忽然，一名警察看见了奶牛，于是，他悄悄地躲到它的身后，举起枪，大声喊道："不许动，举起手来，不然我就开枪了！"

(二)

桌子上有两只蚊子，一只肚子大大的，一只肚子空空的。妻子让当律师的丈夫打蚊子，丈夫手很快，一下子就拍死了那只喝饱了血的胖蚊子，而对另一只却没有下手。妻子问他为什么不打，丈夫说："证据不足。"

(三)

心理医生和朋友诉苦："我最近常常很急躁，非常容易紧张，得找个心理医生看看。"朋友奇怪地问："可是，你自己不就是最有名的医生吗？"心理医生回答："当然，可是你要知道，我的诊费很贵。"

Glossary

1. 逃跑：run away; escape

Ex.: 他在警察追捕的时候成功逃跑了。

—He managed to run away during the police chase.

2. 证 据：evidence; proof

Ex.: 他们没有足够的证据来证明他的罪行。

—They don't have enough evidence to prove his guilt.

3. 急躁：irritable; irascible

Ex.: 长时间的工作使他变得非常急躁。

—Long hours of work made him very irritable.

Exercise

请用"职业习惯"造句，并在与文中不同的情景下使用。

Thinking Question

警察，律师和心理医生的职业习惯分别是什么？

随便 都行 随你
Whatever

Clue

The female always responds to any male proposal with a "whatever."

男：今天晚上咱们吃什么？

女：随便。

男：吃火锅好不好？

女：你忘了我不喜欢吃火锅？

男：那去吃广东菜？

女：昨天刚吃过广东菜，今天又吃……

男：那你说吃什么？

女：随便。

男：……

男：时间还早，咱们现在去干什么？

女：都行。

男：看电影怎么样？好久没有看电影了。

女：你怎么像六十年代的人那么老土？
_{lǎo tǔ}

男：那打保龄球吧，既时尚又锻炼身体。

女：这么热的天去运动？你不嫌累啊？

男：那找个咖啡店坐坐，喝点东西行吧？

女：喝咖啡影响睡眠。

男：那你说干什么？

女：都行。

男：……

男：那回家好了。

女：随你。

男：坐公交车吧，我送你。

女：公交车又慢又挤，还是算了。

男：那打的_{dǎ dī}。

女：这么近的路不划算_{huá suàn}。

男：那走路好了，散散步。

女：空着肚子散步，你傻了啊?

男：那你想怎么样?

女：随你。

男：那就先吃饭。

女：随便。

男：吃什么?

女：都行。

男：我有点晕……

ᨰ Glossary

1. 老土_{lǎo tǔ}：unfashionable

   Ex.: 他的穿着风格被一些人认为很老土。

   —His dressing style is considered unfashionable by some people.

2. 打的_{dǎ dī}：take a taxi

   Ex.: 如果你急着去机场，最好打的。

   —If you are in a hurry to the airport, it's best to take a taxi.

3. 划算_{huá suàn}：worthy

   Ex.: 在大减价时购物最划算。

   —Shopping during a big sale is worthy.

 **Exercise**

除了"随便"，还有哪些词语可以表示这位女性的意思？

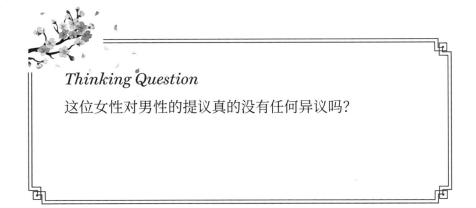

Thinking Question

这位女性对男性的提议真的没有任何异议吗？

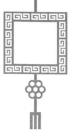

有鸭食吗？

Is There Duck Food?

 Clue

After being given a guarantee of safety, the duck confidently asked about the availability of food for ducks.

一天下午，一家便利店的店员正坐在那里无所事事，这时，门开了，一只
wú suǒ shì shì
鸭子走了进来。

鸭子问："你们这里有鸭食吗？"

"没有！我们这里没有鸭食。"

"好，谢谢！"说完，鸭子一摇一晃地走出了门。

第二天同一时间，门又打开了，走进来的还是那只鸭子。

"有鸭食吗？"鸭子问。

店员有点恼火地说："没有！我们这里没有鸭食！"

"好。"鸭子又一摇一晃地走了出去。

第三天还是这个时候，那只鸭子又推开店门走了进来，问："有鸭食吗？"

这下，那个店员真的被惹恼了，大声吼道："没有！我们这里从来都没有
rě nǎo　hǒu
鸭食。我们昨天没有，今天没有，明天也不会有！如果你再进来要什么鸭食，
我就把你的鸭掌钉在地板上！"

鸭子一声没吭，走出了店门。

第四天下午两点，那只鸭子又推门走了进来，问道："你们这里有钉子吗？"

"没有，我们这里没有钉子。"店员顺口答道。

鸭子说："那你们这里有鸭食吗？"

 **Glossary**

1. 无所事事:doing nothing
   wú suǒ shì shì

   Ex.: 他度过了一个无所事事的周末。

   —He spent a weekend doing nothing.

2. 惹恼:peeve
   rě nǎo

   Ex.: 他的傲慢行为真是让人惹恼。

   —His arrogant behavior really peeves people.

3. 吼:shout
   hǒu

   Ex.: 他突然大吼一声，把我吓了一跳。

   —He suddenly shouted, which scared me.

 **Exercise**

请用"无所事事"造句，并在与文中不同的情景下使用。

Thinking Question
店员被惹恼后，是怎么威胁鸭子的？而鸭子又是怎么做的？

还是改姓好了
Troublesome Surname

 Clue

If you are not familiar with the character "亓"(qí), you may easily confuse the surname of Qi Bu with a different Chinese character.

　　中国姓氏繁多，而且不少姓为 生僻字，甚至有的姓氏稀奇古怪，特别难认，很多人会认错。这不，我有一同事姓"亓"，大家也许没见过这个姓氏吧。他有一个儿子叫亓步，小时候长得虎头虎脑，不胖不瘦，加上聪明活泼，因此人见人爱。

　　说来也怪，就是因为这个姓，给亓步带来了不少尴尬，也给同事一家带来不少烦恼和无奈。亓步上幼儿园的第二天，老师点名，连叫他几声都不答应，老师只好往下叫。最后全班叫完了，只剩下他一个人没有回答，原来老师叫他"开步"，他不敢回答。

　　第二年，亓步所在的幼儿班换了老师，开学第一天老师点名，又是点到他无人应，因为老师叫他"元步"。晚上妈妈接他回家，他对妈妈说："妈妈，我们换一个姓吧，这样老师就不会读错了。"妈妈说："傻孩子，这姓不是随便能换的，问你爸吧。"

　　转眼亓步上小学了，第一天爸爸和妈妈一起送他去，给他办好一切手续。第二天老师点名，这次老师喊他是"六步"，全班许多同学都觉得奇怪，大家转头望着他，他自己纠正说"我叫亓步"。从这以后的三年里，他的姓名一直没有被人叫错过。

　　谁知到了小学四年级，新来的班主任第一次点名时又给他改了姓，叫他"无步"，让他非常尴尬。亓步不断总结经验，后来再遇到老师点名时，不等老师开口，他便主动抢答"到"，弄得全班同学哈哈大笑，每当此时老师就觉得莫名其妙。

亓步伴随着叫错的姓进了初中，第一天放学回家，他把书包往桌上一扔，无精打采地告诉父母："老师又给我改了姓，点名时老师叫我'亦步'"。父母只好摇头苦笑，谁让自己摊了这么一个姓氏呢。

亓步小时候每逢看病，医院药房工作人员叫的都是"开步"或者"元步"，开始时大人还纠正，后来干脆只要听到有个"步"字就去拿药，一般也不会错。亓步读完三年初中后上高中，家里人终于松了一口气：再也不会有人叫错儿子的姓氏了。

谁知亓步晚上回家吃饭时，以开玩笑的口气向父母说："告诉你们一个重要新闻，今天老师又把我的姓给改了，又叫我'方步'了。"他爸爸怎么也没有想到，连高中老师都把儿子的姓名弄错了，只好拍了下儿子的肩膀，对他说："孩子，这下可好了，从今以后再也不会有人叫错你的姓了，因为'方步'方才开始姓正名顺啦。"

亓步参加工作后，虽然没有人再叫错他的姓名，但又有听错和写错的时候。一次亓步收到一张汇款单，"收款人"一栏写的是"齐步"，害得他来回怕跑了好几次。现在，每当有人提起他的姓，亓步都一脸无奈。在经历无数次的打击后，亓步干脆把自己的姓名改为"齐步"，反正"亓""齐"同音，这下再也不会有人叫错了。

（根据《幽默与笑话》2008 年第 9 期郭炜文章改编）

 **Glossary**

1. 生僻：rare

   Ex.: 他喜欢收集一些生僻的字。

   —He likes to collect some rare characters.

2. 稀奇古怪：strange; weird

   Ex.: 这个习俗对我来说真是稀奇古怪。

—This custom is really strange to me.

3. <ruby>抢 答<rt>qiǎng dá</rt></ruby>：race to answer

   Ex.: 在课堂上，学生们经常抢答问题。

   —In the classroom, students often race to answer questions.

4. <ruby>无精打采<rt>wú jīng dǎ cǎi</rt></ruby>：listless

   Ex.: 他因为失业而整天无精打采。

   —He has been listless all day because of unemployment.

5. <ruby>干脆<rt>gān cuì</rt></ruby>：simply

   Ex.: 如果你不喜欢这个工作，你干脆辞职吧。

   —If you don't like this job, you might simply resign.

 **Exercise**

你还知道哪些中国生僻的姓氏呢？

Thinking Question

亓步的名字从上幼儿园到参加工作，一共被叫错了多少次？
都被叫成了什么呢？

SECTION
TWO

PHILOSOPHICAL
TALES

简单和复杂

Simple and Complex

　　小丁去一位朋友家做客，吃完饭朋友出了一道题："有四条小虫排成一条直线往前走，排在最前面的虫子说，它的后面有三条虫；排在第二位的虫子说，它的后面有两条虫；排在第三位的虫子说，它后面有一条虫；而最末尾的虫子却说它的后面有三条虫。这是怎么回事？"

　　小丁想了半天，却一无所获，最后只好认输。

　　那位朋友笑着对小丁说，其实答案很简单，因为——最后那条虫子在撒谎。那位朋友又说，这是给六岁孩子出的考题，没有难住孩子，却差不多难住了所有的大人。

 **Glossary**

1. 排：queue up

   Ex.: 这本书非常受欢迎，大家都在排队等待借阅。

   —This book is very popular; everyone is queuing up to borrow it.

2. 直线：straight line

   Ex.: 我的学习进步不是直线上升的，而是有高有低。

   —My academic progress is not a straight line, but it has ups and downs.

3. 末尾：at the end; at the back

   Ex.: 尽管他在课堂上的成绩排在末尾，但他仍然坚持不懈。

   —Although his grades were at the end of the class, he still persevered.

4. 一无所获：gain nothing

Ex.: 我参加了很多辅导班，但感觉一无所获。

—I have attended many tutoring classes but feel I have gained nothing.

5. 撒谎:lie
<small>sā huǎng</small>

Ex.: 他撒谎说他已经完成了所有的作业。

—He lied and said that he had finished all his homework.

6. 考题:test; exam
<small>kǎo tí</small>

Ex.: 老师还没有公布这次考试的考题。

—The teacher has not announced the exam questions for this test yet.

Reflection

1. 根据文章的内容，小虫子们的排列和对话中，有哪些词汇是你在这篇文章中第一次见到的？你是如何通过上下文理解这些词汇含义的？

2. 文章中最后一段提到："这是给六岁孩子出的考题，没有难住孩子，却差不多难住了所有的大人。"这句话是否提醒你反思自己解决问题的方式，有时是否过于复杂，而忽略了问题的简单本质？举一个你的生活中的例子来说明。

一片飞翔的叶子

A Flying Leaf

一阵风吹来，一片叶子脱离了树枝，飞向了天空。

"我会飞了，我会飞了。"叶子边飞边喊，"我要飞上天了！"

叶子飞呀飞呀，飞过了一棵棵树，飞过了一只只停落在树枝上的鸟。

"哈哈，我飞得比你们高！"叶子得意洋洋地对鸟儿说。

又一阵风吹过，叶子在天空中打了几个旋，被吹落到了一个小水坑里，立即又被路过的一头牛踩进了烂泥里，不见了踪影。

一只鸟感叹地对它的孩子说："看到了吧，如果不依靠自己的力量，风既可以把你吹上天，也可以把你吹进烂泥坑。要飞翔，必须靠自己的力量。"

（根据《家教世界》2011 年第 6 期同名文章改编）

🐉 Glossary

1. 脱离：break away; detach

    Ex.: 脱离老师的引导，他开始自主学习。

    —He started to study independently, breaking away from the teacher's guidance.

2. 旋：rotation (circle)

    Ex.: 地球围绕太阳做旋转。

    —The earth makes a rotation around the sun.

3. 踩：step on; trample

    Ex.: 小心不要踩到那个新种的花。

—Be careful not to step on the newly planted flowers.

4. 依靠^{yī kào}:rely on; depend on

   Ex.: 学生应该依靠自己的努力，而不是父母的帮助来完成作业。

   —Students should rely on their own efforts, not the help of their parents,

   to complete their homework.

5. 力量^{lì liang}:strength; power

   Ex.: 学习新的语言需要耐心和力量。

   —Learning a new language requires patience and strength.

6. 飞翔^{fēi xiáng}:fly; soar

   Ex.: 知识给予我们像鸟儿一样飞翔的能力。

   —Knowledge gives us the ability to fly like a bird.

Reflection

1. 本文中，作者通过叶子的飞翔描绘了依赖他人和依靠自己的区别。你是否有过类似叶子的经历，过于依赖别人或某种力量，结果发现真正的成功需要自己的力量和努力？

2. 阅读这篇文章，你学习到了哪些新的词汇？请尝试用这些新词汇造句。

表扬与埋怨
Praise and Complain

有两个钓鱼（diào yú）的人，各钓到两条鱼回家。甲的妻子看了，埋怨地说："怎么只钓到两条？"

甲一听，心中很不高兴：你以为鱼很好钓到吗？第二天他故意（gù yì）空手（kōngshǒu）回家，让妻子知道钓到鱼是件不容易的事情。

乙遇到的情况恰好相反，他的妻子见他带回两条鱼，欢喜地说："咦，你竟然（jìng rán）钓到两条鱼！"

乙听了心中很是喜悦（xǐ yuè），心想两条算得了什么！第二天他带回了四条！

一句赞扬的话和一句埋怨的话，引出了两种不同的结果。

 **Glossary**

1. 钓鱼（diào yú）：fish

   Ex.：他常常去湖边钓鱼，因为这让他感到放松。

   —He often goes to the lake to fish, as it makes him feel relaxed.

2. 故意（gù yì）：deliberately

   Ex.：我故意没有告诉他真相，以免他担忧。

   —I deliberately didn't tell him the truth to save him from worry.

3. 空手（kōngshǒu）：empty-handed

   Ex.：他来的时候带了一些礼物，不想空手回去。

   —He brought some gifts when he came and didn't want to go back empty-handed.

4. 竟然：unexpectedly

    Ex.: 竟然在这个陌生的城市遇见了老朋友，真是让我惊讶。

    —Unexpectedly meeting an old friend in this strange city really surprised me.

5. 喜悦：joy

    Ex.: 孩子们的笑声总是给人带来喜悦。

    —The laughter of children always brings joy.

Reflection

1. 本文描述了两个人因接受不同的反馈而产生不同的反应。你能否回忆一个你因接收到别人的表扬或埋怨而产生积极或消极行为的情况？你从这个经历中学到了什么？

2. 通过这个故事，作者强调了我们言语的力量。思考一下，你是如何对待你生活中的人的？你的言语是否激励他们变得更好，还是让他们失去信心？请举例说明，并尝试使用本文中学到的新词汇。

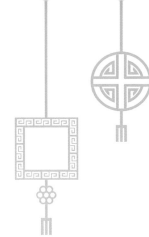

儿子三岁
My Son at Three

为了让儿子记住自己是农民的后代，爱自己的故^{gù tǔ}土，我为他取名叫禾禾。

禾禾三岁就喜欢问这为什么，问那为什么。我们常常答不上来，就让他自己找答案。

一天，他久久注视^{zhù shì}着一棵小树问："为什么小树不会走路呢？"

"喔，因为它只有一条腿，我有两条腿，太好了。"

"为什么雨点往下掉^{diào}，不往上掉呢？"

"因为往下掉有地面接着，地面是它们的妈妈。"

"雨为什么又停了呢？"

"准是下累了。"

"月亮为什么有时胖有时瘦呢？"

"它有时听妈妈的话，好好吃饭；有时淘气，不好好吃饭。"

"大海为什么不停地叫喊呢？"

"有的浪跑得太远，大海叫他们回来。"

"为什么地上的飞机大，天上的飞机小呢？"

"到天上，要像小鸟才飞得快。"

"为什么许多字我不认识呢？"

"它们没有告诉我它们的名字。"

"人为什么有两只耳朵呢？"

"奶奶说，可以一只耳朵进，一只耳朵出。光进不出就装不下了。"

"大熊猫走路为什么都慢腾腾^{mànténgténg}的？"

"跟它们的爸爸妈妈学的。"

（根据李肇星《儿子三岁》改编）

 **Glossary**

1. _{nóng mín}
    农民：farmer

    Ex.: 在中国，农民是社会的重要组成部分。

    —In China, farmers are an important part of society.

2. _{hòu dài}
    后代：descendant

    Ex.: 我们需要为我们的后代保护环境。

    —We need to protect the environment for our descendants.

3. _{gù tǔ}
    故土：homeland

    Ex.: 即使他在外国生活了很多年，他仍然深爱他的故土。

    —Even though he has lived abroad for many years, he still loves his

    homeland deeply.

4. _{zhù shì}
    注视：gaze at

    Ex.: 他注视着远方，仿佛在思考着什么。

    —He was gazing at the distance as if he was thinking about something.

5. _{diào}
    掉：fall

    Ex.: 那只苹果从树上掉了下来。

    —The apple fell from the tree.

6. _{màngténgténg}
    慢腾腾：slowly

    Ex.: 时间慢腾腾地过去，他还是没有做出决定。

    —Time slowly passed, and he still did not make a decision.

Reflection

1. 本文以一种生动有趣的方式讲述了儿子对世界的好奇和不断探索的过程。你是否有过类似的经历，一直追问一个问题直到找到满意的答案？在你的语言学习中，这种好奇心如何影响你的学习过程？

2. 在故事中，禾禾用独特的方式解释他对世界的理解。试着用文章中的新词语，描述你对某件事情的独特理解或观察。

孔子曰：“可口可乐好极了！”
"Coca-Cola Is Great!"—Confucius

一次，在北京香山饭店，一位青年书法家正当众挥笔写字。围观者很多，前来求字的人也不少。

突然，在场的一位美国可口可乐公司的部门经理也要求给他写一幅字，而且提出了书写的内容——孔子曰：“可口可乐好极了！”

这个要求让青年书法家为难极了，两千多年前的孔老夫子可从没喝过“可口可乐”啊。

他实在无法下笔。可要是不写呢，显然会让那位美国朋友扫兴。他知道那位美国朋友并无恶意，只是文化观念不同而已。正当青年书法家不知如何是好时，他的老师在一旁鼓励他说：“大胆写，没关系！”他只好照写了。

写完后，老师又让他加上一行字——一位美国朋友的梦想。青年书法家顿时明白了老师的用意，他很快完成了这幅书法作品。

在场的观众都叹服于书法家师生的这一招儿，连那位美国朋友也乐了。

（根据《市场报》2007 年 4 月 4 日同名文章改编）

 **Glossary**

1. 曰：say

   Ex.: 王子曰：“我愿去寻找真理。”

   —The prince said, "I wish to seek the truth."

2. 扫兴：spoil the fun

   Ex.: 他的离开扫兴了整个派对。

—His departure spoiled the fun of the entire party.

3. 鼓励 gǔ lì : encourage

    Ex.: 老师鼓励我们努力学习。

    —The teacher encourages us to study hard.

4. 顿时 dùn shí : at once; immediately

    Ex.: 听到这个消息，我顿时惊呆了。

    —I was immediately stunned when I heard the news.

5. 叹服 tàn fú : admire

    Ex.: 听他讲完，我们都不禁叹服他的智慧。

    —After listening to him, we couldn't help but admire his wisdom.

6. 招儿 zhāo ér : trick

    Ex.: 这是你的新魔术招儿吗?

    —Is this your new magic trick?

Reflection

1. 本文讲述了一位青年书法家如何在文化观念差异面前取得平衡的故事。尝试描述一次你在学习语言或交流过程中面对的类似文化差异，你是如何解决的?

2. 书法家老师的建议和处理方式反映了他的聪明才智和处理困境的能力。在你的语言学习过程中，你是否有过类似的经验，你是如何应对并学习到新知识的?

谈判
Negotiations

　　有一位老人，退休后住在学校附近的一间房子里。可不知从哪天起，总有三个男孩放学后在他家门外玩，把一个破垃圾桶踢来踢去，不时发出几声尖叫，玩得非常高兴。老人受不了这种噪音^{zào yīn}的折磨^{zhé mó}，便出去和这些小学生"谈判"。他说："看到你们踢垃圾桶玩，我很高兴。如果你们每天都来踢，我给你们每人每天一元钱。"三个男孩很高兴，接受了老人的要求，每天准时来表演他们的足下功夫。

　　过了两天，老人发愁地对他们说："物价^{wù jià}上涨了，我的收入减少了一半，所以从明天起，我只能给你们五毛钱。"孩子们很不开心，但放学后，仍坚持来表演。

　　一个星期后，老人又愁眉苦脸^{chóu méi kǔ liǎn}地说："最近我没有收到退休金，从明天起，我每天只能给你们两毛钱了。"三个男孩立刻脸色铁青^{liǎn sè tiě qīng}，连连说："不干了！不干了！谁会为了区区两毛钱，在这儿浪费宝贵的时间！"

　　从此老人的房前又恢复^{huī fù}了以往的宁静。

 **Glossary**

1. 噪音^{zào yīn}：noise

   Ex.: 邻居的音乐产生了让人无法忍受的噪音。

   —The neighbor's music is creating unbearable noise.

2. 折磨^{zhé mó}：torment

   Ex.: 长时间的等待折磨了他的耐心。

—The long wait tormented his patience.

3. 物价：price of goods
   wù jià

   Ex.: 这个城市的物价昂贵得令人望而却步。

   —The price of goods in this city is prohibitively expensive.

4. 愁眉苦脸：sad face; fretful look
   chóu méi kǔ liǎn

   Ex.: 他满脸愁眉苦脸，显然遇到了困扰。

   —He has a fretful look on his face, obviously troubled.

5. 脸色铁青：blue in the face
   liǎn sè tiě qīng

   Ex.: 听到坏消息后，他脸色铁青，非常失望。

   —After hearing the bad news, he was blue in the face, extremely

   disappointed.

6. 恢复：recover
   huī fù

   Ex.: 她从疾病中恢复过来，开始重新享受生活。

   —She recovered from the illness and began to enjoy life again.

Reflection

1. 本故事中的老人运用了什么样的谈判策略来达成自己的目标？你在生活中是否曾用过类似的策略，效果如何？

2. 孩子们在这次谈判中得到了什么样的教训？你在学习或者生活中是否有过类似的经历，你从中学到了什么？

打翻的鱼缸
The Toppled Fish Tank

　　三年级的教室里，同学们正在紧张地进行期中考试，教室最后一排一个小男孩的脸一阵红一阵白。本来他是想等考试完了再去洗手间的，但他没能坚持住。于是，最尴尬的事情发生了，他尿了裤子。小男孩想："这下完了，如果同学们发现，我会被笑死的，怎么办啊？"小男孩的眼中充满了泪水。幸好同学们都在埋头答卷子，没有人发现他的异常。

　　细心的老师发现了小男孩的不安。他轻轻地走到小男孩的身边，立刻明白了一切。随后，老师不动声色地端着窗户边的鱼缸走过来，经过小男孩身边时，他"一不小心"打翻了鱼缸，水溅得小男孩满身都是。这突如其来的事故惊动了其他同学，大家都回过头看着老师和小男孩。老师连忙向小男孩道歉，并示意其他同学继续考试。接着，他领着小男孩来到自己的办公室，擦干小男孩身上的水，并给了他一条干净的裤子换上。

　　小男孩回到教室的时候，穿着一条极不合身的裤子，皮带都系在了胸口上，看上去滑稽极了，但是没有一个同学嘲笑他，都是对他报以友善和同情的眼神。男孩心里充满了对老师的感激。

　　考试结束了，同学们都陆续离开了教室，小男孩走到老师身边，怯生生地说："谢谢您，老师！"

　　老师拍拍男孩的头，微笑着说："不要紧，我小时候也弄湿过裤子。"

（根据王豪《打翻的鱼缸》改编）

Glossary

1. 不动 声 色 _{bù dòngshēng sè}：not show

   Ex.: 尽管他内心痛苦，但他还是不动声色，没有表现出来。

   —Despite his inner pain, he remained expressionless, not showing it.

2. 溅 _{jiàn}：splash

   Ex.: 我不小心踩到了水坑，水溅了一地。

   —I accidentally stepped into the puddle and the water splashed all over the ground.

3. 突如其来 _{tū rú qí lái}：suddenly; unexpectedly

   Ex.: 这场雨突如其来，我们都没带伞。

   —The rain came suddenly, and we didn't bring umbrellas.

4. 示意 _{shì yì}：signal; indicate

   Ex.: 老师向学生们示意，让他们安静下来。

   —The teacher signaled the students to quiet down.

5. 滑稽 _{huá jī}：funny; comical

   Ex.: 他的表演真滑稽，让我们都笑了。

   —His performance was so comical that it made us all laugh.

6. 陆续 _{lù xù}：one after another

   Ex.: 学生们陆续地走进了教室。

   —The students walked into the classroom one after another.

Reflection

1. 老师在这个故事中展示了怎样的角色？他的行为对于学生有何样的影响？

2. 在你的生活或学习过程中，有没有一位老师对你产生过深远的影响？他 / 她是怎么做到的？

智慧只需一点点
Little Wisdom

两个青年一同开山，一个把石块儿砸^{zá}成石子运到路边，卖给建房人；另一个直接把石块运到码头，卖给杭州的花鸟商人，因为这儿的石头总是奇形怪状，他认为卖重量不如卖造型^{zào xíng}。三年后，卖怪石的青年成为村里第一个盖起小楼房的人。

后来，因为不许开山，只许种树，于是这儿成了果园。因为这儿的梨香甜可口，每到秋天，漫山遍野^{mànshānbiàn yě}的梨子招来各地的商人。他们把堆积如山^{duī jī}的梨子成筐^{kuāng} 成筐地运到北京、上海，然后再发往韩国和日本。

就在村里的人为梨子带来的好日子高兴不已时，那个曾卖过怪石的人却卖掉了梨树，开始种柳树。因为他发现，来这儿的客商不愁挑不到好梨，只愁买不到装梨的筐。就这样，五年后他成为第一个在城里买房的人。

再后来，一条铁路从这儿贯穿^{guànchuān}南北，从这儿坐火车可以北至北京，南抵^{dǐ}香港九龙。小村的果农们也由单一的卖水果，发展为水果加工及市场开发。然而就在一些人开始大办水果加工工厂的时候，那个人又在他的果园边上砌了一道一米高、百米长的矮墙。这道墙面向铁路，背依翠柳，两旁是一望无际^{yí wàng wú jì}的万亩梨园……

（根据《好同学》2005 年第 9 期《赚钱智慧只需一点点》改编）

 **Glossary**

1. 砸^{zá}：smash

   Ex.: 他生气地砸了一只杯子。

—In anger, he smashed a cup.

2. 造型_{zào xíng}：shape

   Ex.: 这个雕塑的造型很特别。

   —The shape of this sculpture is very unique.

3. 漫山遍野_{mànshānbiàn yě}：covering the mountains and plains

   Ex.: 春天来了，漫山遍野的花朵开了。

   —In spring, flowers bloom, covering the mountains and plains.

4. 堆积_{duī jī}：pile up

   Ex.: 工作太多，堆积如山。

   —The workload is too heavy, piled up like a mountain.

5. 筐_{kuāng}：basket

   Ex.: 我把苹果放在了筐里。

   —I put the apples in the basket.

6. 贯穿_{guànchuān}：run through

   Ex.: 这条河贯穿了整个村庄。

   —This river runs through the whole village.

7. 抵_{dǐ}：to; arrive at

   Ex.: 他从山顶向下走，抵达江边。

   —He walked down from the mountain top to the riverbank.

8. 一望无际_{yí wàng wú jì}：as far as the eye can see

   Ex.: 这里的沙漠一望无际。

   —The desert here stretches as far as the eye can see.

Reflection

1. 请问，这位果农砌起的这道矮墙，有什么用处？

（答案：坐火车经过这里的人，在欣赏盛开的梨花时，都会看到矮墙上醒目的一行大字："清清龙井，纯纯亲情。"据说这是这五百里山村中惟一的一个广告，那道墙的主人仅靠这道墙，每年又有四万元的额外收入。）

2. 这个故事有什么对你学习或生活中的决策有启发的地方？如何在你的生活或学习中应用这种智慧？

聪明的司机

A Clever Driver

从前有一个非常有名的演讲家。他有一个私人司机，经常送他去各处演讲。这是一个聪明的司机，他经常听演讲家的演讲，对演讲家所讲的内容非常熟悉，久而久之，甚至可以倒背如流。更神奇的是，他能够将演讲家的语音、语调、姿势和动作模仿得很像。如果有机会让他来演讲，他相信自己一定能和演讲家演讲得一样好。但很可惜，他一直没有机会施展自己的才能。

有一次，他看见演讲家有些不舒服，于是就开玩笑地说："让我替您讲一场吧，我经常听您演讲，听得多了，可以将您演讲的内容一字不漏地讲出来。"演讲家听了高兴地说："那好，你今天就代替我演讲吧，我就冒充你的司机好了。"

司机非常高兴，于是就上台全身心投入地演讲了起来。演讲非常成功，掌声如雷，激动的听众都站起来为他鼓掌。这情形连真正的演讲家都吓了一跳，他简直就是自己的翻版。演讲家也不得不佩服地为他鼓起掌来。

掌声终于停了下来，人们开始向"演讲家"提问题。突然，有一个青年人提了一个非常专业的问题，这显然是司机演讲以外的知识内容，全场观众都在等待这位冒牌演讲家的回答。出乎意料的是，他竟然冷静地说："年轻人，请恕我直言，你的问题太简单了，这个问题连我的司机都可以回答。假如你不信的话，我可以证明给你看。"

他回过头朝冒牌的司机——真正的演讲家招招手，演讲家立刻走上讲台作答，而那个司机则在雷鸣般的掌声中离开了会场。

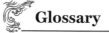 **Glossary**

1. <ruby>久<rt>jiǔ</rt></ruby><ruby>而<rt>ér</rt></ruby><ruby>久<rt>jiǔ</rt></ruby><ruby>之<rt>zhī</rt></ruby>：over time

   Ex.: 久而久之，他们的友情变得越来越深。

   —Over time, their friendship deepened.

2. <ruby>倒<rt>dào</rt></ruby><ruby>背<rt>bèi</rt></ruby><ruby>如<rt>rú</rt></ruby><ruby>流<rt>liú</rt></ruby>：recite fluently

   Ex.: 他可以倒背如流地背出所有的诗歌。

   —He can recite all the poems fluently.

3. <ruby>施<rt>shī</rt></ruby><ruby>展<rt>zhǎn</rt></ruby>：display one's talent

   Ex.: 这个舞台是他施展才华的地方。

   —This stage is where he displays his talents.

4. <ruby>代<rt>dài</rt></ruby><ruby>替<rt>tì</rt></ruby>：instead of

   Ex.: 他代替了生病的队员参加比赛。

   —He participated in the competition instead of the sick team member.

5. <ruby>冒<rt>mào</rt></ruby><ruby>充<rt>chōng</rt></ruby>：impersonate

   Ex.: 那个冒充警察的人被抓了。

   —The man impersonating a police officer was caught.

6. <ruby>掌<rt>zhǎng</rt></ruby><ruby>声<rt>shēng</rt></ruby><ruby>如<rt>rú</rt></ruby><ruby>雷<rt>léi</rt></ruby>：thunderous applause

   Ex.: 他的表演结束后，掌声如雷。

   —His performance ended in thunderous applause.

7. <ruby>冒<rt>mào</rt></ruby><ruby>牌<rt>pái</rt></ruby>：counterfeit

   Ex.: 这个市场上充斥着冒牌商品。

   —The market is flooded with counterfeit goods.

8. <ruby>直<rt>zhí</rt></ruby><ruby>言<rt>yán</rt></ruby>：speak bluntly

   Ex.: 他是个直言不讳的人，总是把话说得很直。

   —He is a blunt person, always speaking frankly.

Reflection

1. 在这个故事中，司机为什么认为他可以做的和演讲家一样好的演讲？他是如何准备的？

2. 当面对专业问题时，司机是如何巧妙地处理的？这种方法在你的学习或生活中有哪些实际应用？

数字生命
Digital Life

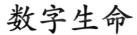

人一生的时间，从出生到死亡，大概有二十四亿七千五百五十七万六千秒。这个庞大（páng dà）的数字，叫人吃惊。可是对于整个宇宙（yǔ zhòu）来说，它就像大海中的一朵浪花一样，只是一眨眼的工夫。

现在，人类平均可以活到 78.5 岁。在这些年中，我们要用去 4 239 卷（juǎn）卫生纸，肚子里的垃圾放在一起的重量，可以让每个人惊呆——2 865 公斤，将近 3 吨。考虑到我们吃进的食物超过 50 吨，这个数字也不算大。但这也表明，我们的身体的确是一部庞大的机器。

在全球范围内，平均每个人一生认识的人是 1 700 个。而且不论什么时候，你的社交圈（shè jiāo quān）里大概都会常有 300 个人。

人类的语言极为丰富，平均每种语言拥有约 2.5 万个单词或者字。世界上单词量最多的语言是英语，超过 50 万个。我们一天要说 4 300 个词语，一生可能用到的词汇总量是 123 205 740 个。

每个人都要洗澡，如果我们用一只小鸭子来代表你洗过一次澡，那么这些小家伙的数量加起来将是 7 163 只。洗这么多次澡，要使用将近 100 万升水。

每次洗澡使用沐浴液时，都应该在心里念一遍：这些化学成分要用 800 年的时间才能完全溶解（róng jiě）于水。为了自己的形象（xíng xiàng），很多人拥有一个巨大的衣柜，为了洗衣柜里的衣服，我们又要将 570 公斤化学品放入水中。

我们一生大概要恋爱 3 次。很多人认为婚姻不浪漫，不过，人们并不会因此放弃婚姻，70%的人选择至少结婚一次。现在，一次婚姻平均只能维持 11 年半。

我们一生要用坏 3.5 台洗衣机、3.4 台电冰箱、3.2 台微波炉、4.8 台电视机、9.8 台 DVD 机、15 台电脑。

制造一台个人电脑平均需要至少 240 公斤石油和 22 公斤化学品，再加上在生产过程中需要 1.5 吨水，因此你的台式电脑在出厂之前，所用的原料就已经有一辆大型汽车那么重了。

每个人一生都要制造 40 吨垃圾，可以把两个集装箱装得满满的。

现在，我们不需要走出大门，就能了解全世界。我们每天看电视的时间是 148 分钟，一年就是 900 小时，一生就是 2 944 天。也就是说，我们要在这个盒子面前坐上整整 8 年。

电视机魅(mèi)力(lì)巨大，但它并没有完全取(qǔ)代(dài)书本。一生中，我们平均要读 533 本书。除了书，我们一生当中读到的报纸大概有 2 455 份，总重量达到 1.5 吨。然而问题是，为了制成 533 本书和 2 455 份报纸，我们需要砍掉 24 棵大树。

一般来说，我们一生会看 314 次病，而每次我们都会拿到一张处(chǔ)方(fāng)。到了 60 岁，我们看病的次数将达到一年 35 次。我们一生吃下的药片大概有 3 万粒。

我们一生都在做梦，到了 78.5 岁时，我们制造的梦将有 104 390 个。梦和记忆一样，给人的感觉是若有若无的。但事实上，梦和记忆是我们能拥有的最长久的东西。

我们的一生，就这样在 4 亿 150 077 次眨眼中悄(qiāo)然(rán)度过。

（根据萧生《数字生命》改编）

Glossary

1. 庞(páng)大(dà)：(number, size) extremely large

   Ex.: 这个城市的建筑物规模庞大。

   —The scale of the buildings in this city is extremely large.

2. 宇(yǔ)宙(zhòu)：universe; cosmos

   Ex.: 我们在宇宙中只是渺小的存在。

   —We are but a speck in the universe.

3. 卷(juǎn)：roll

   Ex.: 他把地图卷起来放进了背包。

—He rolled up the map and put it in his backpack.

4. 社交圈：social circle
   shè jiāo quān

   Ex.: 在大学，她拓宽了自己的社交圈。

   —In college, she expanded her social circle.

5. 溶解：dissolve
   róng jiě

   Ex.: 把这片药放入水中，它会自动溶解。

   —Place this pill in water, and it will dissolve automatically.

6. 形象：image
   xíng xiàng

   Ex.: 这位艺术家的作品改变了我们对于现代艺术的形象。

   —The artist's work has changed our image of modern art.

7. 魅力：charm
   mèi lì

   Ex.: 他的个人魅力吸引了许多人。

   —His personal charm attracted many people.

8. 取代：replace
   qǔ dài

   Ex.: 电子书正在逐步取代纸质书。

   —E-books are gradually replacing paper books.

9. 处方：prescription
   chǔ fāng

   Ex.: 医生给他开了一张处方。

   —The doctor wrote him a prescription.

10. 悄然：quietly
    qiāo rán

    Ex.: 夜晚悄然降临，万物都进入了安静的睡眠。

    —Night falls quietly, and everything enters a peaceful sleep.

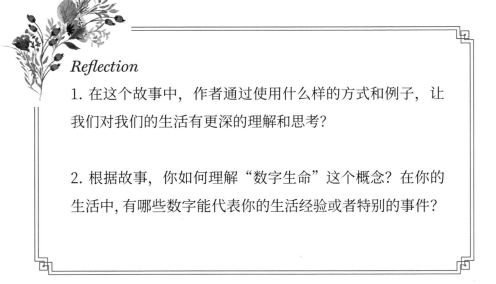

Reflection

1. 在这个故事中，作者通过使用什么样的方式和例子，让我们对我们的生活有更深的理解和思考？

2. 根据故事，你如何理解"数字生命"这个概念？在你的生活中，有哪些数字能代表你的生活经验或者特别的事件？

SECTION
THREE

ORDINARY
VIRTUES

"信任"试验
"Trust" Experiment

在学校时，我学的是心理专业，教我们课的是学校最有名的周严教授。

有一次上课的时候，周教授对我们说："今天我们来做一个'信任'试验。"他让我们面朝他排成两排，然后前排的同学不借助任何物体，向后仰面倒去，后面的同学要接住他。

听了周教授的话，前后两排的同学互相望着，都心照不宣地"哈哈"笑起来。这样的游戏，我们之间私下曾经玩过多次，每次都是前排的同学向后倒去的瞬间，站在后面的那位同学便快速抽出身来，这样，前面的同学由于失去重心，"砰"的一声仰面摔倒在地上。所以后来再有同学说玩这样的游戏时，前面的同学再也不肯真的向后倒下去了。

在周教授说"开始"后，站在前面的许多同学，开始一点一点向后倾斜，但每一个人都暗自掌握着身体的平衡，并不让自己失去重心。后面的同学见了，知道前面的同学并不真倒，所以只是伸出手来，象征性地在前面同学的衣服上轻轻碰一下，就算是扶住了前面的同学。

这时，一个我们没想到的情景出现了。一个个头有一米八的男生，看上去很轻松的样子，向后直直地倒去。在后面接他的是一位小巧的女生，她见男生向她倒去，先是一愣，接着便使尽全力，满脸通红地一把抱住了他。看得出，女生非常吃力，但还是稳稳地托住了男生。

实验结束后，周教授走上讲台，他用手指着那位男生和女生对着大家说："今天的'信任'试验，他们两人做得最成功。同学们，什么是信任呢？信任便是像刚才这位男同学一样，对别人没有丝毫的防备，把自己完全地交给别人；而这位女同学，则是最好的'值得信任'的例子，那就是不管自己有多困难，都会把别人交付的事情办好。"

"在生活中，我们总是渴望他人的信任，希望别人信任自己，可是又有多少人能够向他人付出信任呢？"说到这里，周教授看了我们一眼，语 _{yǔ} 重 _{zhòng} 心 _{xīn} 长 _{cháng} 地说："一个人值得别人信任是幸福的，而一个人信任他人则是高尚的。同学们，让我们先做高尚的人，再做一个幸福的人吧……"

周教授的话音刚落，教室里便响起了久久的掌声……

🐉 Glossary

1. 心理专业 (xīn lǐ zhuān yè)：psychology

   Ex.: 我的朋友正在攻读心理专业，因为她对人类行为非常感兴趣。

   —My friend is studying psychology because she is very interested in human behavior.

2. 信任 (xìn rèn)：trust

   Ex.: 好的团队建立在彼此的信任之上。

   —A good team is built on mutual trust.

3. 心照不宣 (xīn zhào bù xuān)：a tacit understanding

   Ex.: 虽然我们没有明说，但是心照不宣，我们都知道该做什么。

   —Even though we didn't say it outright, there was a tacit understanding between us about what needed to be done.

4. 平衡 (pínghéng)：balance

   Ex.: 对于工作和生活的平衡，我一直在努力寻找。

   —I have been trying to find a balance between work and life.

5. 防备 (fáng bèi)：guard against

   Ex.: 我们应该防备任何可能的安全威胁。

   —We should guard against any potential security threats.

6. 语重心长 (yǔ zhòng xīn cháng)：with a heartfelt message

   Ex.: 他语重心长地告诉我，应该珍惜每一刻。

   —He told me with a heartfelt message that I should cherish every moment.

Reflection and Exercises

1. 根据故事, 写一篇短文（约 150 字）, 描述你理解的"信任"的含义, 并举例说明你在生活中是如何实践这种理解的。关键词: 信任, 防备, 高尚。

2. 周教授提出"一个人值得别人信任是幸福的, 而一个人信任他人则是高尚的"。你如何理解这句话? 在你的生活中, 有没有特定的人或者事件让你深刻体验到了这种观点?

3. 你认为"信任"在现代社会中的重要性如何? 请以你自身的生活经验或者观察, 写出你的观点和理由。

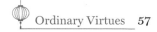

一盒饼干

A Box of Cookies

　　一天晚上，她在机场(jī chǎng)候机。为了打发(dǎ fa)几个小时的等候时间，她买了一盒饼干和一本书。她找到一个位子，坐了下来，专心致志(zhuān xīn zhì zhì)地看起书来。

　　突然间，她发现坐在身旁的一个青年男子伸出手，毫无顾忌(háo wú gù jì)地抓起放在两人中间的那个盒子里的饼干吃了起来。她不想惹事(rě shì)，便视而不见(shì ér bú jiàn)。过了一会儿，她也开始从那个盒子里拿饼干吃。她看了看表，同时用眼角的余光看到那个"偷"饼干吃的人居然也在做同样的动作。她更生气了，暗自想："如果我不是这么好心，这么有教养的话，我早就把这个无礼(wú lǐ)的家伙的眼睛打肿了。"

　　她每吃一块饼干，他就跟着吃一块。当剩下最后一块饼干时，他不太自然地笑了笑，伸手拿起那块饼干，掰成两半，给了她一半，自己吃了另一半。她接过那半块饼干，想道："这个人真是太没教养了！甚至连声谢谢都不说！我从没有见过这么厚颜无耻(hòu yán wú chǐ)的人。"终于可以登机了，她长出了一口气，急忙把书塞进包里，拿起行李，直奔登机口，看都没看那个"贼"一眼。

　　在飞机上坐好后，她开始找那本没看完的书。突然她愣住了，她看见自己的那盒饼干还好好地放在包里！她顿时明白过来……羞愧无比。

🐉 Glossary

1. 机场(jī chǎng)：airport

　　Ex.: 我的飞机是晚上十点，所以我需要提早到机场。

　　—My flight is at ten o'clock in the evening, so I need to get to the airport early.

2. 打发 dǎ fa : pass; kill time

Ex.: 我在等车的时候，就用阅读来打发时间。

—When I'm waiting for the bus, I kill time by reading.

3. 专心致志 zhuān xīn zhì zhì : with single-hearted devotion

Ex.: 他专心致志地学习数学，以便在考试中取得好成绩。

—He studied math with single-hearted devotion in order to do well on

the exam.

4. 毫无顾忌 háo wú gù jì : with no concern

Ex.: 他毫无顾忌地说出了他的想法，这让其他人感到很吃惊。

—He spoke his mind with no concern, which surprised others.

5. 惹事 rě shì : cause trouble

Ex.: 那个孩子总是惹事，让老师头疼。

—That child always causes trouble, which gives the teacher a headache.

6. 视而不见 shì ér bú jiàn : turn a blind eye

Ex.: 对于环境问题，我们不能视而不见。

—We can't turn a blind eye to environmental issues.

7. 无礼 wú lǐ : rude

Ex.: 在公共场合大声喧哗是非常无礼的行为。

—It is very rude to make loud noises in public places.

8. 厚颜无耻 hòu yán wú chǐ : shameless; shamelessly

Ex.: 他竟然厚颜无耻地把别人的成果说成是自己的。

—He shamelessly claimed others' achievements as his own.

Reflection and Exercises

1. 写一篇短文（约 150 字），讨论本故事中青年男子表现出的美德。这些美德如何影响了整个情况，可能对女士产生了什么影响？关键词：美德，分享，误解。

2. 如果你是故事中的女士，你对男子的行为有何感想？你会有何不同的反应？请以第一人称的形式，描述你的感受和可能的行为。

3. 你认为故事中男子的哪些行为值得我们学习并应用在我们的生活中？

六个苹果的力量
The Power of Six Apples

  楼上的房主把房子出租给了一对刚走出校门的年轻恋人。打那以后，我和妻子经常听到他们半夜或凌晨把地板踩得咚咚作响的声音；两个人的争吵也是家常便饭，尤其是那个男生的声音，穿透力真是没得说，其间还时不时伴随着往地板上扔重物的声音。三个月下来，由于常常睡不好，我和妻子都变得神经兮兮的。

  一天下班，妻子买回一大袋苹果，从中认真地挑选了六个最好的苹果装进另一个塑料袋里。她告诉我说，这几个苹果是要送给楼上那对恋人的。我一听就不乐意了："天天被他们打扰，还给他们送东西干啥？"妻子笑了笑，给我讲了个南风和北风的故事。这是个寓言，说的是南风和北风打赌，要把一个人的棉大衣脱下来。北风用冷风拼命吹，越吹那人把棉衣裹得越紧；而南风只用柔柔的暖风轻轻地吹，结果那人一热，就把棉大衣脱掉了。听完妻子讲的故事，我似乎明白了。

  妻子拎着六个苹果上楼了，我跟在后面。那对恋人收到苹果时一脸的惊讶：他们没想到在这个异乡还会收到邻居的礼物。当妻子和颜悦色地说希望他们以后在楼上动作轻点时，他们都有些不好意思了，说以后一定注意。从那以后，我和妻子很少听到楼上传来的咚咚声。

  有时候，找一个大家都能接受的方式，再加上你的真心和诚意，很多问题也就迎刃而解了。

（根据境悠然《六个苹果的力量》改编）

Glossary

1. líng chén
   凌晨：early in the morning

   Ex.: 凌晨，我被一阵嘈杂的鸟叫声唤醒。

   —I was awakened by a clamor of bird calls early in the morning.

2. shén jīng xī xī
   神经兮兮：neurotic

   Ex.: 面试前，他总是会感到神经兮兮的。

   —He always gets neurotic before an interview.

3. yù yán
   寓言：fable

   Ex.: 我非常喜欢阅读有教育意义的寓言故事。

   —I really enjoy reading educational fables.

4. yì xiāng
   异乡：foreign land

   Ex.: 他在异乡生活了很多年，但始终想念着家乡。

   —He has lived in a foreign land for many years, but he always misses his

   hometown.

5. hé yán yuè sè
   和颜悦色：nice and polite attitude

   Ex.: 无论何时何地，她总是以和颜悦色的态度对待他人。

   —No matter when and where she always treats others with a nice and

   polite attitude.

6. yíng rèn ér jiě
   迎刃而解：easily solved; effortlessly dealt with

   Ex.: 对于她来说，这个数学问题迎刃而解。

   —For her, this math problem was easily solved.

Reflection and Exercises

1. 根据故事，写一篇短文（约150字），描述你理解的"善良"的含义，并举例说明你在生活中是如何实践这种理解的。关键词：善良，争吵，理解。

2. 故事中的妻子使用苹果作为礼物，以和平的方式解决了噪音问题。你能否分享一个你在生活中通过友善和理解解决冲突的例子？

3. "有时候，找一个大家都能接受的方式，再加上你的真心和诚意，很多问题也就迎刃而解了。"你对这句话有什么理解？在你的生活中是如何运用这个道理的？请用一段小故事来说明。

他能成功吗
Can He Succeed?

杰克很小就没了父母，他和奶奶相依为命。他很喜欢画画，想成为一名出色的画家。

一天，杰克兴奋地告诉奶奶："著名的画家比尔要到市里举办画展，我要带上自己的画作，求比尔帮忙指点。"

晚上，杰克一脸沮丧地回来了，他把自己的画撕得粉碎，伤心地说："比尔看完我的画说我根本不是画画的料，没有天赋，劝我放弃。所以，我决定往后再也不碰画笔了。"

沉默了一会儿，奶奶对杰克说："孩子，我有一幅收藏了几十年的画，可一直不知道这幅画值多少钱，既然比尔是著名的画家，我想让他帮我看一下。"

可当奶奶从箱底拿出那幅画时，杰克很失望：画上没有点题，也没有署名，画得也很粗糙。

杰克扶着奶奶找到了比尔。比尔看完奶奶收藏的画，摇摇头，笑道："老人家，这幅画画风简单、用笔幼稚、粗糙，立意不明确……不是名家所画，不值一文。"

奶奶有些失望地问："你看画这幅画的人，如果继续画下去，能成功吗？"

比尔十分肯定地说："老人家，恕我直言，他再画下去也成不了气候。"

这时奶奶才说，几十年前，她在一所幼儿园当老师，画是她的一个学生画的。当年那个学生是全班画画最差的，交作业时，没有勇气把自己的名字写在正面，而是写在了背面。她没有批评那个学生，反而鼓励说："你画得很不错，继续努力，我相信你将来一定能成为一名出色的画家。"没想到过了若干年，那个学生真的成了一位大画家。

比尔惊讶地愣住了，他不相信地把画翻过来，背面赫然(hè rán)写着自己的名字。比尔慢慢地回忆起来了，喃喃地说："您是玛雅老师。"

奶奶笑着点点头，说："几十年过去了，但我依然认得出你。"停了一下，奶奶把目光转向杰克，杰克终于明白了奶奶为什么要带自己来鉴(jiàn)画。他点点头……

（根据李显波《他能成功吗》改编）

 **Glossary**

1. 相依为命(xiāng yī wéi mìng)：rely on each other for survival

   Ex.: 他们在荒岛上相依为命，互相扶持。

   —They rely on each other for survival on the deserted island, supporting each other.

2. 沮丧(jǔ sàng)：frustration

   Ex.: 他在考试失败后感到非常沮丧。

   —He felt a great deal of frustration after failing the exam.

3. 撕(sī)：tear; rip

   Ex.: 他生气地撕毁了那封信。

   —He angrily tore up the letter.

4. 署名(shǔ míng)：signature

   Ex.: 在合同最后一页，他留下了自己的署名。

   —He left his signature on the last page of the contract.

5. 不值一文(bù zhí yī wén)：worthless

   Ex.: 这件假艺术品实际上不值一文。

   —This counterfeit piece of art is actually worthless.

6. 恕我直言(shù wǒ zhí yán)：forgive my frankness

   Ex.: 恕我直言，你的这种行为真的让人失望。

   —Forgive my frankness, but your behavior is really disappointing.

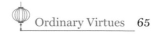

7. 赫然：prominently

hè rán

Ex.: 在他的简历上，我们赫然看到了"哈佛大学毕业"这一项。

—On his resume, we saw "Harvard University Graduate" prominently displayed.

8. 鉴：evaluate

jiàn

Ex.: 在购买珠宝之前，你应该请专家鉴定。

—You should have an expert evaluate the jewelry before buying it.

Reflection and Exercises

1. 根据故事，写一篇短文（约150字），描述你理解的"毅力"的含义，并举例说明你在生活中是如何实践这种理解的。关键词：毅力，鼓励，失败。

2. 奶奶带着杰克找比尔鉴画的行为，让杰克重新找回自信和画画的动力。你是否有过类似的经历？请分享你从失败中恢复，重新找回信心和动力的故事。

3. 为什么杰克在遇到挫折后选择放弃？你认为在生活中遇到困难或挫折时，应如何面对和应对？请结合你的亲身经历或观察，进行阐述。

可以免费赠送

It's Free

十岁的时候，他和父亲推着板车去镇上卖西瓜，西瓜刚推到镇上，还没有卖出，天空中霎时就阴云密布，要下雨了。过往的人们纷纷往回赶，再也没人来买西瓜了。他沮丧得很，西瓜卖不出去了，还要推回去。

这时，父亲说："我们可以把瓜免费送人。"于是父亲带着他来到沿街的店面，给每一家搬了两三个西瓜，大家纷纷用诧异的目光看着父亲。父亲说："要下雨了，西瓜不好卖，分给人家吃啦。"有人说："那你不是亏了吗？我拿钱给你。"父亲摆摆手说："不用了，西瓜送给你们，我还赚个轻松，要是留着，推回去，明天不新鲜，又不好卖了。"那天，他们一无所获地回去了。

可是后来，他们再来镇上，西瓜总是第一个卖完。因为他们那次送人家西瓜，人家记着他们的好，也因为父亲的话，大家都相信他们的西瓜最新鲜。

多年之后，他拥有了一家食品公司，他牢牢记得父亲当年卖西瓜的事。金融危机爆发了，经济形势十分严峻，他的工厂也被迫停产了，产品积压在仓库里卖不出去。他召集工人们开会，说："现在工厂停产了，我把工资都结给你们，另外每个人都可以挑选自己喜欢的食品带回家。"

那些食品平日多是出口的，价格不菲。工人们高兴极了，大包小包地挑着带回家。剩下的食品，他又免费送给附近的居民，送给有业务或没业务往来的多个商店和超市。

后来，金融危机过去，市场复苏了，他的公司订单更是出奇的多。当时好多厂都遇到用工荒，招不到人，而他的公司，工人们蜂拥着前来报名，有老工人，也有慕名而来的新工人。因为他的免费赠送，让更多的人知道了他和他的公司。他立即投入生产，并扩大生产规模。

生活中，我们在遇到危机时，不要死守着"财富"，让它们在手里慢慢变质，可以免费送给需要的人。免费和赚钱，从来就不是矛盾的。我们得学学那个老板，舍得让别人分享自己的"财富"。一颗善良的心，可以让我们赢得更好的未来。

（根据顾艳《可以免费赠送》改编）

Glossary

1. 霎时：in a flash

   Ex.: 这个美丽的瞬间被摄影师霎时捕捉住了。

   —The photographer captured this beautiful moment in a flash.

2. 亏：suffer a loss

   Ex.: 他在股市上投资不慎，亏了一大笔钱。

   —He invested carelessly in the stock market and suffered a big loss.

3. 一无所获：gain nothing

   Ex.: 他花了整整一天的时间在图书馆，却一无所获。

   —He spent the entire day in the library but gained nothing.

4. 金融危机：financial crisis

   Ex.: 2008 年的金融危机影响了全球的经济。

   —The financial crisis of 2008 affected the global economy.

5. 严峻：stern; severe

   Ex.: 对于犯罪行为，我们必须采取严峻的态度。

   —We must take a stern stance against criminal behavior.

6. 被迫：be forced to

   Ex.: 他因为健康原因被迫退役。

   —He was forced to retire due to health reasons.

7. 复苏：come back to life

   Ex.: 经过艰苦的努力，他的事业开始复苏。

—After hard work, his career began to come back to life.

8. 用工荒:labor shortage
   yònggōnghuāng

   Ex.: 因为新冠疫情的影响，很多地方出现了用工荒。

   —Many places have experienced a labor shortage due to the impact of the COVID-19 pandemic.

9. 蜂拥:swarm
   fēngyōng

   Ex.: 商店打折的那天，购物者蜂拥而至。

   —On the day the store had a sale, shoppers swarmed in.

10. 变质:deteriorate (thoughts or things)
    biàn zhì

    Ex.: 长时间不吃，食物会变质。

    —Food will deteriorate if not eaten for a long time.

Reflection and Exercises

1. 根据故事，写一篇短文（约 150 字），描述你理解的"慷慨"的含义，并举例说明你在生活中是如何实践这种理解的。关键词：慷慨，分享，回报。

2. 故事中的父亲和儿子在面临困境时，选择了将西瓜和食品免费赠送，结果反而得到了更好的回报。你是否有过类似的经历？你从中学到了什么？

3. 你如何看待"免费和赚钱，从来就不是矛盾的"这个观点？请以你的生活经验或观察，写出你的观点和理由。

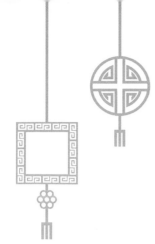

高等教育
Higher Education

强高考失败后就随堂哥去沿海的一个港口城市打工。

那座城市很美，强的眼睛就不够用了。堂哥说："不错吧？"强说："真好。"堂哥说："不错是不错，可总归不是自已的家，人家瞧不起咱。"强说："自已瞧得起自己就行。"

强和堂哥在码头的一个仓库给人家缝补篷布（péng bù）。强很能干，做的活精细，看到丢弃的线头碎布也拾起来，留作备用。

那夜暴风雨骤起（zhòu qǐ），强从床上爬起来，冲到雨中。堂哥劝不住他，骂他是个笨蛋。

在露天仓库里，强察看了一堆又一堆货物，把掀动（xiān）的篷布系牢。等老板开车过来，他已被淋成了个"落汤鸡"。

老板见堆放的货物丝毫未损，当场要给他加工资，他却说："不啦，我只是做好我自己的工作。"

老板见他这么诚实，就想把另一个公司交给他管，让他当经理。强说："我不行，让文化高的人干吧。"老板说："我看你行——比文化高的是人身上的那种东西！"

强就当了经理。

公司刚开张，堂哥就闻讯（wén xùn）跑来，说："给我弄个美差干干。"强说："你不行。"堂哥说："看大门也不行吗？"强说："不行，你不会把这里当成自已的家。"堂哥气得脸通红（tōng hóng），骂道："你真没良心。"强说："把自己的事干好才算有良心。"

公司进了几个有文凭的年轻人，业务红红火火地开展起来。过了些日子，那几个受过高等教育的年轻人知道了强的底细（dǐ xì），心里很不服气，说："就凭我们的学历，怎么能窝（wō）在他手下？"

强知道了并不恼，说："我们既然在一块儿共事，就把事办好吧。我这个经理的帽儿谁都可以戴，可有价值的并不在这顶帽上……"

那几个大学生觉得强说得有道理，就都不吭声了。

一位外商听说这个公司很有发展前途，想恰谈^{qià tán}一项合作项目。强的助手说："这可是条大鱼呐，咱得好好接待。"强说："没错。"

外商来了，是位外籍华人，还带着翻译、秘书。

强用英语问："先生，会汉语吗？"

那外商一愣，说："会的。"强说："那我们用汉语谈，好吗？"

外商只好说了一声"好的"。

谈完了，强说："我们共进晚餐怎么样？"外商迟疑^{chí yí}地点了点头。

晚餐很简单，但有特色。所有的盘子都吃干净了，只剩下两个小笼包。

强对服务小姐说："请把这两个包子装进食品袋里，我带走。"强说这话时很自然，他的助手却紧张起来，不住地看那外商。

那外商站起来，抓住强的手紧紧握着，说："明天我们就签合同！"

事成之后，老板设宴款待外商，强和他的助手都去了。席间，外商轻声问强："你受过什么教育？为什么能做得这么好？"

强说："我家很穷，父母不识字。可他们对我的教育是从一粒米、一根线开始的。后来我父亲去世，母亲辛辛苦苦地供我上学。她说妈妈不指望^{zhǐ wàng}你高人一等，你能做好你自已的事就行……"

在一旁的老板被感动了，他端起一杯酒，说："我提议敬她老人家一杯——为你受过人生最好的教育——另外，请把您母亲接来吧！"

（根据司玉笙《高等教育》改编）

Glossary

1. 篷布^{péng bù}：tarpaulin

   Ex.: 露营的时候，我们用篷布搭建了一个临时的避雨处。

   —When camping, we used a tarpaulin to set up a temporary rain shelter.

2. 骤起^{zhòu qǐ}：suddenly happened

Ex.: 风暴骤起，海浪翻涌。

—The storm suddenly happened, and the sea waves churned.

3. <ruby>掀<rt>xiān</rt></ruby>：open; uncover

Ex.: 他掀开盖子，看了看里面的内容。

—He opened the lid and looked at the contents inside.

4. <ruby>闻讯<rt>wén xùn</rt></ruby>：hear the news

Ex.: 他闻讯后，立即赶往事故现场。

—Upon hearing the news, he immediately rushed to the scene of the accident.

5. <ruby>通红<rt>tōnghóng</rt></ruby>：very red

Ex.: 他运动过后，脸通红。

—After exercising, his face was very red.

6. <ruby>底细<rt>dǐ xì</rt></ruby>：inside; the actual situation

Ex.: 我会调查清楚这个问题的底细。

—I will investigate the actual situation of this problem.

7. <ruby>窝<rt>wō</rt></ruby>：stay in one place (e.g., a company)

Ex.: 他在这个公司窝了几年，但没有什么进步。

—He has been staying in this company for a few years but has not made any progress.

8. <ruby>恰谈<rt>qià tán</rt></ruby>：negotiate

Ex.: 他们正在洽谈新的合作协议。

—They are negotiating a new cooperation agreement.

9. <ruby>迟疑<rt>chí yí</rt></ruby>：hesitate

Ex.: 面对决定，他显得十分迟疑。

—He seemed very hesitant about the decision.

10. <ruby>指望<rt>zhǐ wàng</rt></ruby>：expect

Ex.: 我们都在指望你的成功。

—We are all expecting your success.

Reflection and Exercises

1. 请写一篇关于"责任感"和"承诺"的短文 (约150字)。
参考文本中强在暴风雨中保护货物和他对自己工作的态度。
关键词: 责任感, 承诺, 工作。

2. 你认为强的故事对我们今天的年轻人有什么启示? 他的
经历中有哪些因素影响了他的成功?

3. 在这个故事中, 教育被描绘为超越学校教育的东西。你
如何看待这种观点? 你的生活中有没有类似的经历, 可以
和我们分享一下吗?

善小亦为
Small Good Deeds Matter

平常日子里，你我的生活，都是由一些大事小事组成的，其中有不少是恶^è小、善小。有人喜欢恶小，认为是理所当然的；有人看不起善小，不以为意。其过程虽是不知不觉的，但结果却令人深思。

前几天，听一位出租车司机讲了一件事。那天上午，他去虹桥机场等客人，排了两个半小时的队，上来一位德国先生。司机问："先生，去哪里？"先生答："去龙柏新村。"

只要是开出租车的，在虹桥机场听到要去龙柏新村，都是要气得吐血的。龙柏新村是飞机场边上的一座公寓楼，一个拐弯便可到达。人家出租车司机等了两个半小时，就赚你十元钱啊！

德国先生安安静静地候着。

出租车司机这时有点窝火，心里抱怨自己今天运气不好。但他脸上倒是不露声色，心里想着：这事与客人无关，总要把客人送到目的地才行。于是将德国先生的行李放入后车座，请他上车。

等到了目的地，司机到后车座替德国先生将行李取出，说了句再会，便要离去。

德国先生却欲言又止，司机以为自己哪里服务不周，便问："先生，有问题吗？"德国先生说："噢，不，你能等我一会儿吗？我还想用车。"司机就又等了大概十五分钟，德国先生匆匆跑出来，上车后对司机说："我要去金山。"

金山在上海的最南面，从龙柏新村开过去，基本上需要横跨大半个上海，这可真是一个美差呀。

路上，司机与德国先生聊天："你为什么在机场上车时，不说要去金山呢？"

德国先生说："我知道机场到龙柏新村的距离，如果你们送我的话很不划算。但你没有拒绝，还对我这么好，因此我临时将去金山办事的时间提前到上午来，还愿意坐你的车。"

听了这话，司机的心情非常愉悦。

到了金山的一家宾馆，德国先生下车时，又问道："你能不能再等等我？"司机问："等多长时间？"德国先生说："一个多小时吧。"司机说："好的。"

德国先生走出两步又回头关照，说："请将计程器开着，车费应算我的。"德国先生走后司机就将计程器关了，他认为，车子没在跑，不能算人家的。

大约两个小时后，德国先生办完事出来了。他有些不好意思，连说："对不起，让你久等了。"然后请司机再将车子再开回龙柏新村。

到了目的地，来回车程是四百元，德国先生执意(zhí yì)要付五百元，他说等的两个小时必须算他的。

三国时期，刘备曾对刘禅说：勿以恶小而为之(wù yǐ è xiǎo ér wéi zhī)，勿以善小而不为(wù yǐ shànxiǎo ér bù wéi)。是呀，生活中，有人看重做大的好事，不鸣则已(bù míng zé yǐ)，一鸣惊人(yī míng jīng rén)。其实不然，能做好每一件小的好事，才是成就大的好事的前提(qián tí)呢。

（根据戴文妍《善小亦为》改编）

Glossary

1. 恶(è)：evil

   Ex.: 善良的人们总是与恶作斗争。

   —Kind people are always fighting against evil.

2. 理所当然(lǐ suǒ dāng rán)：take it for granted

   Ex.: 他把父母的爱视为理所当然。

   —He takes his parents' love for granted.

3. 不以为意(bù yǐ wéi yì)：not care about something

   Ex.: 他对别人的批评不以为意。

   —He doesn't care about others' criticism.

4. 不露声色：not show on one's face

   Ex.: 尽管他内心痛苦，但他面上却不露声色。

   —Although he was in pain inside, he didn't show it on his face.

5. 欲言又止：want to say something but then stop

   Ex.: 他欲言又止，不知道该如何表达他的担忧。

   —He wanted to say something but then stopped, unsure how to express his concerns.

6. 美差：cushy job

   Ex.: 他在公司找到了一份美差，每天只需要做几个小时的工作。

   —He found a cushy job in the company, only needing to work a few hours a day.

7. 执意：insist on

   Ex.: 尽管遭到反对，他还是执意要去追求他的梦想。

   —Despite opposition, he insisted on pursuing his dream.

8. 勿以恶小而为之, 勿以善小而不为：Do not do evil just because it is a small thing, and do not neglect to do good just because it is a small thing.

   Ex.: 勿以恶小而为之，勿以善小而不为，这是我父亲常教导我生活的原则。

   —"Do not do evil just because it is a small thing, and do not neglect to do good just because it is a small thing" is the principle my father often taught me in life.

9. 不鸣则已, 一鸣惊人：It never rains but it pours.

   Ex.: 他在考试中的出色表现真是不鸣则已，一鸣惊人。

   —His excellent performance in the exam was a case of it never raining but pouring.

10. 前提：prerequisite

    Ex.: 学习这门课的前提是你已经掌握了基础知识。

—The prerequisite for studying this course is that you have already mastered the basic knowledge.

Reflection and Exercises

1. 在故事中，出租车司机在知道德国先生只需短途接送后，选择了隐藏自己的不满，继续为客人提供服务。这个做法是否符合你的道德观？如果你是司机，你会怎么做？并解释你的观点。

2. "三国时期，刘备曾对刘禅说：勿以恶小而为之，勿以善小而不为。"你如何理解这句古代格言在现代社会的适用性？请结合一个你在生活或工作中的实例来解释。

3. 根据故事，你认为德国先生的行为体现了什么样的品德？请写一篇短文（约150字），探讨这些品德在当今社会的重要性，并结合你自身的经历，谈谈你是如何培养和实践这些品德的。

能给予就不贫穷

Giving Prevents Poverty

jiào shī jié
　　教师节那天，一大群孩子争相给他送来了礼物，有鲜花、卡片、千纸鹤……一张张小脸上满是快乐，好像过节的不是老师，倒是他们。

　　一张用硬纸做成的礼物很特别，是在硬纸板上画了一双鞋。看得出，红纸是自己剪的——周边很粗糙；图是自己画的——形状很不规则；颜色是自己涂的——花花绿绿的；上面歪歪扭扭地写着："老师，这双皮鞋送给你穿。"看最后的落款像是一个女孩。他刚来这个班，对学生还不是很熟悉，因为从开学到教师节，也就十天。

　　他把这双"鞋"认真地收了起来，"礼轻情义重"啊！

　　节日很快就过去了。一天，他在批改作文的时候，看到了这个女同学送他"皮鞋"的理由。

　　"别人都穿着皮鞋，老师穿的是布鞋，老师肯定很穷。我做了一双很漂亮的皮鞋给他，不过那双鞋不能穿，是画在纸上的。我希望将来老师能穿上真正的皮鞋。我没有钱，我有钱就一定会买一双真的皮鞋给老师穿。"这是一个不足十岁的小姑娘的心愿，他的心为之一动。但是，她怎么知道穿布鞋就是穷人的标志？他想问问她。

　　当她站在他面前的时候，他似乎找到了答案，因为他看见她正穿着一双布鞋，鞋的周边已经开了花。这双布鞋显然与他脚下的这双布鞋不一样。

　　于是有了下面的谈话：

　　"爸爸在哪里上班？"

　　"爸爸在家，失业了。"

　　"妈妈呢？"

"不知道 …… 走了。"

他再一次看到了她脚上的布鞋，那一双开了花的布鞋。

他从抽屉里拿出那双"鞋"来，他感受到了这双"鞋"的分量。
fèn liàng

她问："老师你家里也穷吗？"

他说："老师家里不穷，你家里也不穷。"

"同学都说我家里很穷。"她说。

他说："你家里不穷，你很富有，你知道关心别人，送了那么好的礼物给老师。老师很高兴，你高兴吗？"

她笑了。

"和老师穿一样的鞋子，高兴吗？"

她用力地点了点头。

他带她来到教室。他问大家老师为什么穿布鞋。有的同学回答说好看；有的说透气，因为自己的奶奶也穿布鞋；有的说健身，因为自己的爷爷打太极拳的时候都穿布鞋；很奇怪没有人说他穷。他说："穿布鞋透气、舒适，有益健康。而且，脚上穿着布鞋心里却装着别人，这是最让老师感到幸福的！"

只有富有的人才能给予，给予别人幸福。

能给予就不贫穷。

Glossary

1. 教师节：Teachers' Day
   jiào shī jié

   Ex.: 每年的九月十日我们都会庆祝教师节。

   —Every year on September 10th, we celebrate Teachers' Day.

2. 粗糙：rough
   cū cāo

   Ex.: 这个木头的表面很粗糙，需要打磨一下。

   —The surface of this wood is very rough and needs to be polished.

3. 歪歪扭扭：skewed
   wāi wāi niǔ niǔ

   Ex.: 他的字迹歪歪扭扭，很难看清楚。

—His handwriting is skewed, it's hard to see clearly.

4. 礼轻情义重：Little gift, deep goodwill.

   Ex.: 这个礼物虽然不贵，但是礼轻情义重，我非常珍惜。

   —Although this gift is not expensive, it is a little gift with deep goodwill, and I cherish it very much.

5. 失业：unemployed

   Ex.: 由于公司破产，他失业了。

   —He became unemployed because of the company's bankruptcy.

6. 分量：weight

   Ex.: 这个箱子的分量比我预期的要重。

   —The weight of this box is heavier than I expected.

7. 透气：ventilate

   Ex.: 这个房间需要透气，空气很闷。

   —This room needs to be ventilated, the air is very stuffy.

8. 给予：give

   Ex.: 他给予了我很大的帮助。

   —He gave me a lot of help.

Reflection and Exercises

1. 跟据本篇故事，写一篇短文（约 150 字），描述你对"能给予就不贫穷"的理解，并结合你的生活经验，给出一个你自己或他人的实际例子，说明为什么给予他人可以使我们自己变得富有。关键词：给予，情义，幸福。

2. 这个女孩子给老师的礼物虽然是纸做的，却给老师带来了很大的感动。你是否收到或者送出过礼物，它的价值并不在于物质，而在于它所代表的情感和意义？

3. 在这个故事中，真正的富有被描绘为对他人的关爱和理解。你如何看待这种观点？你的生活中有没有类似的经历，可以分享一下吗？

SECTION FOUR

CULTURAL KALEIDOSCOPE

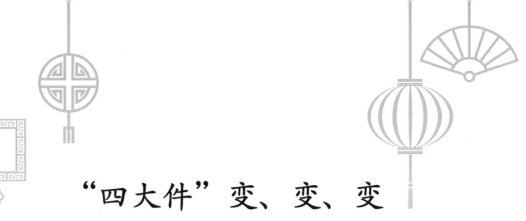

"四大件" 变、变、变
The Evolution of the "Four Must-Have Items"

Contextual Introduction

This article discusses the concept of the "Four Must-Have Items" in China and how it has evolved over time due to technological advances, economic growth, and changes in cultural values. This concept provides unique insights into the societal changes and aspirations of the Chinese people.

不同的年代，人们对生活有不同的追求，但都希望拥有四件时髦(shí máo)的东西，即俗话(sú huà)说的"四大件"。

二十世纪五十年代，人们的生活水平很低。对于一个年轻人来说，钢笔、雨伞、挎包和手电筒就是当时的"四大件"。能拥有这"四件宝"，是很多人的梦想。

到了六七十年代，一般的中国家庭，谁家要是有自行车、缝纫机、手表、收音机这"四大件"，就会让人羡慕(xiàn mù)得不得了。

八十年代，中国开始对外开放(duì wài kāi fàng)，人们的生活水平有了很大的改善(gǎi shàn)，中国人的"四大件"就变成了电冰箱、电视机、录音机和洗衣机。

九十年代，人们不再满足于旧的"四大件"。电话、空调、照相机、组合音响，这新的"四大件"开始成为中国人的生活必需品。

进入二十一世纪，住房、汽车、手机、电脑成为中国人新一代的"四大件"。

如今，多功能手机、手提电脑成为普及(pǔ jí)品，越来越多的中国家庭拥有住房、汽车，再谈论"四大件"已没有什么意义，因为很多中国家庭都可以购买更多的消费品了。

Glossary

1. 时髦 (shí máo): fashionable

    Ex.: 这款手机非常时髦。

    —This model of mobile phone is very fashionable.

2. 俗话 (sú huà): a common saying

    Ex.: 俗话说，"早睡早起身体好。"

    —As a common saying goes, "Early to bed and early to rise makes a man healthy."

3. 羡慕 (xiàn mù): envy

    Ex.: 我非常羡慕他的成功。

    —I envy his success very much.

4. 对外开放 (duì wài kāi fàng): opening up to the outside world

    Ex.: 自从对外开放，这个城市的经济发展迅速。

    —Since opening up to the outside world, the economy of this city has developed rapidly.

5. 改善 (gǎi shàn): improve

    Ex.: 我们应该努力改善我们的生活环境。

    —We should strive to improve our living environment.

6. 普及 (pǔ jí): popularize

    Ex.: 随着互联网的普及，信息获取变得更加方便。

    —With the Internet popularizing, it has become more convenient to access information.

Cultural Navigation

Over the last few decades, China's "Four Must-Have Items" have significantly shaped the country's cultural and societal changes. These items, including a bicycle, a sewing machine, a watch, and a radio have developed because of technological advances, economic growth, and cultural values. Bicycles, for example, were once the primary mode of transportation in China. Still, with the rise of the middle class and the increased availability of automobiles, they have declined in importance. Sewing machines were once essential for clothing production and repair, but their significance has dwindled with the widespread availability of ready-made clothing. Understanding the progression of these items provides insight into Chinese society's aspirations and cultural values. The importance of these items has shifted over time, reflecting technological and economic changes. Observing these changes helps us understand how Chinese society has strengthened and cultural values have grown.

Reflection and Discussion

1. 在你自己的文化中，不同历史阶段的"四大件"有哪些？

2. 鉴于当前的科学技术和经济发展趋势，你认为中国未来的"四大件"可能是什么？

Advanced Language Exercises

1. 用自己的话总结中国"四大件"的演变，并确保突出这些物品变化所反映的社会和文化变迁。

2. 对"四大件"清单中的一项进行小型研究项目。展示你的发现，讨论该物品的文化重要性和在当时中国日常生活中所扮演的角色。

3. 思考科技如何影响了"四大件"的变化。写一篇文章（约250字），讨论科技如何改变了人们的生活方式和消费习惯。

拜年
Pay a New Year Call

 **Contextual Introduction**

This essay will delve into the rich cultural tradition of paying a New Year call in China, a practice that is integral to the Chinese New Year celebrations. It is a means to honor ancestral relationships and build community ties.

今天是除夕，又是爷爷的七十岁生日，非常难得，叔叔和姑姑全家都从外地赶回来过年，全家老小十几人，非常热闹。

爸爸妈妈、叔叔婶婶、姑姑姑父忙着做各自的拿手菜：粉蒸狮子头、醋溜排骨、清蒸桂花鱼、藕夹肉饼……

我和堂哥、堂姐忙着和面，爷爷和奶奶在调饺子馅。饺子馅一调好我们就可以包饺子了。

"嘀……嘀……"我的手机来了一条短信，打开一看："当欢乐的歌声飘扬，当新年的钟声敲响，那是我在祝福你，我的朋友，新年快乐，新年吉祥！友：萍"好朋友萍已迫不及待地开始发短信拜年了，我赶紧给她回了一条祝福短信。

"丁零零……"电话响起，原来是叔爷爷率领他们全家来给爷爷奶奶拜年了。

这时我的手机响了，打开一看，是微信，远在澳大利亚留学的表妹给全家拜年来了。表妹一人远在异乡过年，一开口就忍不住哭起来，还和小时候一样。记得十年前，我、堂哥、堂姐、表妹四人一起到爷爷奶奶家拜年，不知从哪儿飞出一串鞭炮，吓得表妹哇哇大哭。如今，表妹这爱哭的老毛病还是没改。"外公外婆，爸爸妈妈，我想你们……"看到手机视频中的表妹，奶奶、姑姑也跟着难过起来……

堂哥见这情景，想缓和气氛，对着屏幕刮了一下表妹的鼻子，"这么大的姑娘了，还整天哭，不知羞。"

婶婶在一旁，也开始拿堂哥打趣："你比妹妹强不到哪里去。那年你在外读大学，说不回来过年了，给我们寄来一张贺卡，我还记得贺卡上是这样写的：'"起来吃饭了。"在家时每天早晨都能听到。这个春节不能回家，听不到爸妈这样叫我了，不过我会将这份爱连同对你们的祝福一起在心里默念。'我和你爸刚接到你的贺卡，正读着呢，你就提着行李站在我们面前了，你还有脸说妹妹？"堂哥的脸一下子就红了。

央视春晚开始了，我们一家人其乐融融，边吃着丰盛的年夜饭，边看着精彩的节目，等待着新年的到来……

⚜ Glossary

1. 和面（huó miàn）：knead dough

   Ex.: 过年的时候我们一家人会一起和面做饺子。

   —During the New Year, our family will knead dough together to make dumplings.

2. 饺子（jiǎo zi）：dumplings

   Ex.: 吃饺子是我最喜欢的新年传统。

   —Eating dumplings is my favorite New Year tradition.

3. 祝福（zhù fú）：bless

   Ex.: 新年快乐，祝福你在新的一年里万事如意。

   —Happy New Year, I bless you with everything going well in the new year.

4. 率领（shuài lǐng）：lead

   Ex.: 教练率领我们的队伍赢得了比赛。

   —The coach led our team to win the match.

5. <ruby>缓和<rt>huǎn hé</rt></ruby>：ease up; relax

Ex.: 经过一个繁忙的一天后，她在沙发上缓和下来。

—After a busy day, she eases up on the sofa.

6. <ruby>屏幕<rt>píng mù</rt></ruby>：screen

Ex.: 他在电脑屏幕前工作了一整天。

—He worked in front of the computer screen all day.

7. <ruby>打趣<rt>dǎ qù</rt></ruby>：make fun of

Ex.: 他们总是喜欢打趣我，但我知道他们是好意。

—They always like to make fun of me, but I know they mean well.

8. <ruby>贺卡<rt>hè kǎ</rt></ruby>：greeting card

Ex.: 我收到了她寄来的新年贺卡。

—I received the New Year's greeting card she sent.

9. <ruby>央视春晚<rt>yāng shì chūnwǎn</rt></ruby>：CCTV Spring Festival Gala

Ex.: 每年新年夜，我都会看央视春晚。

—My family watches the CCTV Spring Festival Gala every New Year's Eve.

10. <ruby>其乐融融<rt>qí lè róngróng</rt></ruby>：happy and harmonious

Ex.: 春节期间，家家户户都其乐融融。

—During the Spring Festival, every family is happy and harmonious.

Cultural Navigation

Chinese New Year, known as the Spring Festival, is a cherished annual celebration that takes place around the world. It's a time for family, food, fireworks, and festivities, lasting for 15 days from New Year's Eve to the Lantern Festival. Homes are adorned with red lanterns and couplets, and families gather for feasts, exchanging red envelopes filled with lucky money, setting off fireworks, and watching the mesmerizing dragon and lion dance performances. Delicious traditional foods like dumplings, fish, and sticky rice cake are prepared with symbolic meaning, representing wealth, prosperity, and good luck. This vibrant festival showcases China's cultural richness, making it a truly unforgettable experience for anyone who takes part.

Reflection and Discussion

1. 在你的文化里，新年有哪些特殊的庆祝活动和传统？

2. 除了文中提到的习俗外，你还知道有关中国新年的哪些知识？

Advanced Language Exercises

1. 请用你自己的话描述"拜年"的社会和文化意义。这个传统随着时间的推移又发生了哪些变化？

2. 选择你自己文化中的一个新年习俗进行研究，并且向我们展示这一传统是如何反映你文化中的社会价值观的。

3. 请你撰写一篇 200 到 300 字左右的文章。主题为"新年的祝福"，详细描述新年期间，你（或者你设想的角色）如何给家人和朋友送上祝福，以及这些祝福中蕴含的中国文化元素和美好期待。

娶新娘
Getting Married

 **Contextual Introduction**

The story in this article reveals the traditional Chinese custom of the groom going to receive his bride on the wedding day, and how this practice has adapted to modern society. This tale emphasizes not only the hustle and bustle of the wedding preparations but also the deep family involvement, showing how weddings in China are a union of two families rather than just two individuals.

　　明天就是我结婚的日子，我已经忙得晕头转向了，可我的爷爷奶奶似乎比我还要操心，不停地问东问西。

　　爷爷问："你叔叔明天几点到？能赶上婚礼吗？"

　　"您放心，从北京乘飞机到广州只要三个小时，明天中午十一点前叔叔肯定能赶到。"我答道。

　　奶奶接着问："不知你姑姑上了火车没有，晚上几点到广州？"

　　"姑姑明天从武汉乘高铁到广州。"

　　"高铁？什么是高铁？"奶奶好奇地问。

　　"高铁就是时速两百公里以上的高速铁路。"

　　"你姑姑每次从武汉乘火车来广州都要十多个小时，那她乘高铁要多少小时？她明天中午能赶到吗？"奶奶还是不放心。

　　"听说，从武汉到广州的武广高铁，速度比奥运会上的射箭比赛还快，只要三四个小时。您别担心，姑姑肯定能在中午赶到。"

　　"你明天接新娘的车准备好了没有？"爷爷又接着问。

"您放心，都准备好了。我开奥迪，表哥开他的那辆奔驰陪我一起去接新娘。"

"那就好，可别像你爸爸结婚时那样，开着摩托车去接你妈，半路上没油了，没少让你妈妈埋怨。"爷爷笑着说。

"那也比你好，结婚时骑着自行车接我，骑了一个多小时，一身臭汗。"奶奶和爷爷开起了玩笑。

"能骑自行车接你就很不错了。我爸结婚时，那会儿家里特别穷，别人家娶新娘是用花轿，或是用驴车、马车，我爸倒好，娶我妈时是背着我妈过门的。幸亏住得近，否则非累死不可。"爷爷还没说完，我们大家就一起笑了起来……

Glossary

1. 操心：strain; worry

   Ex.: 父母总是为孩子的未来操心。

   —Parents always worry about their children's future.

2. 高铁：high-speed train

   Ex.: 姐姐乘高铁去北京参加会议。

   —My sister took the high-speed rail to Beijing for a meeting.

3. 好奇：curious

   Ex.: 小明对新玩具感到好奇。

   —Ming is curious about the new toy.

4. 埋怨：complain

   Ex.: 他常常埋怨工作压力大。

   —He often complains about the high pressure of his job.

5. 过门：get married (and move into the bridegroom's household)

   Ex.: 在传统中式婚礼中，过门指从完成拦门礼后到拜堂前所举行的的一系列婚俗礼仪仪式。

—In traditional Chinese weddings, the getting married refers to a series of wedding ceremonies that take place from the completion of the gate ceremony to the ceremony of paying respect to the bride before the wedding.

6. 幸亏 xìng kuī : fortunately

Ex.: 幸亏有你在，否则我可能会迷路。

—Fortunately, you were there, or I might have gotten lost.

Cultural Navigation

The traditional Chinese wedding custom of the groom picking up his bride on their special day is a romantic and symbolic tradition that has stood the test of time. The groom's duty to care for and protect his bride is beautifully showcased in this ritual. In the past, elaborate bridal sedan chairs or carts were used for the grand affair. However, modern transportation modes such as cars have become the norm as technology has advanced.

As the dialogue reveals, Chinese weddings are not just about the bride and groom but are a family affair. Grandparents play an important role in wedding preparations and often voice their opinions about the wedding day arrangements. Laughter and good cheer are the order of the day, with family members sharing jokes and fond memories. China's rapid development in transportation, especially with introducing high-speed trains, has made it easier and faster for families to reunite for special occasions such as weddings.

Ultimately, Chinese wedding customs emphasize the importance of family, tradition, and the unification of the bride and groom.

Reflection and Discussion

1. 在你的文化中，婚礼准备通常包括哪些活动？

2. 你如何看待家庭在婚礼筹备中的角色？

Advanced Language Exercises

1. 描述你自己文化中一个特殊的婚礼习俗，讨论它的社会和文化意义。

2. 从中国和你自己的文化背景出发，比较婚礼的准备和过程有何异同。

3. 选择一个你感兴趣的婚礼传统，进行深入研究，然后写一篇 250 字左右的文章，讨论这个传统如何反映社会和文化的价值观。

"不怕死"的中国人
The Fearless Spirit of Chinese People

🐉 Contextual Introduction

The author shares his unique observations and experiences living and working in China as a European. The essay explores the difference between generations, the speed of modernization, and the people's fearlessness. The vivid recounting of his journey across various cities in China offers readers an insider's view of the country's rapid development and societal attitudes.

　　我是一个欧洲人，我选择到中国来工作和生活，最重要的原因是：比较。我坚信，现代化有很多种形式。那么中国的现代化又是怎样的呢？

　　在过去的一个月里，我一直在中国各地旅行，寻找这个问题的答案。

　　在重庆的经历特别令人难忘。重庆整个城市建在山上，高楼越来越多，商业区<ruby>日新月异<rt>rì xīn yuè yì</rt></ruby>，我想下一次来我一定会认不出来。中国最令我吃惊的一点是，上一代与下一代之间的差别非常大。在四川，很多老一辈人的脸让我难忘：那是一种习惯了艰苦生活和自我<ruby>牺牲<rt>zì wǒ xī shēng</rt></ruby>的脸，很像我葡萄牙家乡的农民。可是，年青一代却与欧洲城市的年轻人越来越像：自信、成熟、<ruby>渴望<rt>kě wàng</rt></ruby>美好的生活，常常可以看见他们坐在露天咖啡座喝意大利咖啡。

　　中国令我印象很深的另外一点是人们的"<ruby>无畏<rt>wú wèi</rt></ruby>"。我去过上海的一所著名大学，校园很美，建筑很新潮，但也许是因为太新，地砖很滑。那一天下着大雨，走在我前面的一个女孩突然滑倒了。但我没想到的是，她很快就自己站了起来，而且不停地检查着自己的白色的小包——看来，她对自己的包比对自己的背还要关心。

说这个故事，是因为我感觉，中国人似乎有一种不怕死的精神。在欧洲或者美国，基本上没有打滑的地砖，因为害怕有人摔倒而被起诉。但在中国，人们似乎对此并不在意，即使摔倒了，也只是站起来重新出发。这或许是因为，中国近年来经济发展太顺利了，中国人有着一种普遍的乐观情绪，都希望抓紧时间充分利用经济发展的机会，享受快乐。但无论如何，对于一个初次到访者来说，这意味着一种对生活的强烈热爱。

我也觉得，与中国人交朋友更加容易。在成都的一家酒吧里，我遇见了一位在那里工作的年轻人，他一听说我喜欢爵士乐，马上就送给我一张爵士音乐会的票。票很贵，他诚实地告诉我说，他有两张，是朋友送的，但他没有女朋友，只能一个人去。

确实，在中国农村，一个外国人现在还可能被看作稀罕物。但是，中国人看外国人的心态却很健康。他们对其他国家表现出一种真正的好奇，而且很少觉得其他国家好会对自己的国家构成威胁。这是中国人的一个巨大的优势。

保持好奇、乐于学习、不持成见，这也许是世界应该向中国学习的地方。

（根据 [葡萄牙] 布鲁诺·马希斯《"不怕死"的中国人》改编）

Glossary

1. 日新月异：rapid changes

   Ex.: 这个城市日新月异的变化，让人瞠目结舌。

   —The rapid changes in this city are astonishing.

2. 自我牺牲：self-sacrifice

   Ex.: 他为了家人的生活，做出了自我牺牲。

   —He made a self-sacrifice for his family's livelihood.

3. 渴望：long for; desperate for

   Ex.: 他渴望学习新的知识和技能。

   —He is desperate for learning new knowledge and skills.

4. 无畏：fearless

Ex.: 那位登山者无畏艰险，决心攀登珠穆朗玛峰。

—The mountaineer is fearless of hardships and determined to climb Mount Everest.

5. 打滑 ^{dǎ huá}：slippery

Ex.: 下雨天路面打滑，大家出行需要小心。

—The road is slippery in the rainy weather, everyone needs to be careful when going out.

6. 起诉 ^{qǐ sù}：prosecution

Ex.: 如果他继续违反协议，我们将对他提起诉讼。

—If he continues to violate the agreement, we will initiate a prosecution against him.

7. 爵士乐 ^{jué shì yuè}：jazz

Ex.: 我特别喜欢爵士乐，因为它充满了即兴创新的精神。

—I particularly love jazz, because it's full of the spirit of improvisation.

8. 稀罕 ^{xī han}：rare; uncommon

Ex.: 这种动物在我们这里是非常稀罕的。

—This kind of animal is very rare in our area.

9. 威胁 ^{wēi xié}：threat

Ex.: 气候变化是对全球生态环境的巨大威胁。

—Climate change is a significant threat to the global environment.

10. 成见 ^{chéng jiàn}：stereotype

Ex.: 我们应该摒弃成见，公正看待每一个人。

—We should discard stereotypes and treat everyone fairly.

Cultural Navigation

The meaning behind traditional Chinese characters goes far beyond just the written word; it encompasses a profound understanding of cultural values and beliefs that have been passed down through generations. One such value is embodied in the phrase "不怕死," or "not afraid of death." This phrase has deep historical roots in China, representing the traditional Chinese belief in the importance of sacrifice for the greater good. For centuries, "不怕死" has been associated with military and political leaders who will risk their lives for their people. It also symbolizes the Confucian ideal of selflessness, where personal sacrifice is seen as a noble act. Today, this phrase still holds tremendous power and is used as a symbol of bravery and selflessness in modern Chinese culture.

Reflection and Discussion

1. 在你的生活里，有没有接触过中国人的"不怕死"精神？具体是怎样表现的？

2. 你对中国人的哪些特性或行为有什么看法或感受，举例说明。

Advanced Language Exercises

1. 选择文中的一个词语（例如："日新月异"或"无畏"），尝试写一小段描述你自己生活经验的文字，以体现这个词语的含义。

2. 思考你自己的文化背景下对"无畏"的理解，是否与作者在文中描述的中国人的"无畏精神"有所不同？写一篇文章（约 250 字）讨论这两种理解的异同。

"剩男"相亲
Blind Date of a "Leftover Man"

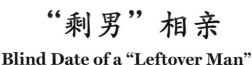 **Contextual Introduction**

In this story, we follow the adventures of Zhao, who is described as a "leftover man," a term that refers to men in their older who have yet to marry. This story brings to light Zhao's struggle with his social skills during his dating encounters. His friends work together to help him with his communication skills, leading to humorous and awkward moments. Through this tale, we also get a glimpse into the Chinese dating culture.

　　小赵是我们单位的"剩男(shèng nán)",三十多岁了,还没成家。他找不到女朋友,倒不是因为长相不好,也并非家庭和工作的原因,怪只怪他那张嘴,一见姑娘(gū niang)就紧张,一紧张就说错话,惹得人家姑娘一个个离他而去。

　　为了帮助小赵,我们大家决定对他进行日常口语培训。大家先一起向小赵强调了"话到嘴边停三秒"的重要性,接着模拟了各种恋爱的情境。直到大家一致认为小赵说话没问题了,才又张罗着给他介绍了一个姑娘。这次约会之前,我们再三告诫(gào jiè)他,在和姑娘熟悉以前,尽量少说话。等到有一定的感情基础以后,哪怕说错几句,也没有什么问题。小赵听后,连连点头。

　　约会定在下午六点,小赵在我们期盼的目光中上路了 …… 不到一个小时,小赵就兴高采烈地哼着小曲回来了。看样子,情况不错。我们问他:"都和姑娘聊了些什么?我们大家也好帮你分析分析。"小赵不好意思起来:"就是平时的那些话呀,也没啥特别的。她问我,以前有没有谈过女朋友。""那你怎么说?"我们不由得紧张起来。小赵嘿嘿一笑,说:"我当然是按照你们事先教给我的那一套说了。只谈过一个，没两个月就吹了，对方嫌我太古板^{gǔ bǎn}，不懂得花钱……""嗯，不错，还有呢？"我们继续追问。

"我俩路过一个水果摊时，她想买些梨吃，我让她别买，说刚见面不能'离'。我帮她买了个苹果，希望她平平安安。"

大家纷纷对小赵竖起大拇指，一致认为，这事儿，有戏。

就在我们张罗着让小赵请客时，他忽然吞吞吐吐^{tūn tūn tǔ tǔ}地说："哦，对了，我刚想起来，就在我们临分别的时候，我说了一句话，不知道人家姑娘听了会不会多心^{duō xīn}。"

"你说了啥？"大家异口同声地问。

"当时，我们走在一条胡同里，"小赵说，"走着走着，我看前面没路了，就对她说，赶快回去吧，咱们到头了……"

（根据白一波《剩男相亲^{xiāng qīn}》改编）

Glossary

1. 剩男^{shèng nán}：leftover man

   Ex.：小李已经 35 岁了，还没有结婚，他是我们公司的一个剩男。

   —Li is already 40 and hasn't married yet; he is a leftover man at our company.

2. 姑娘^{gū niang}：girl

   Ex.：那个姑娘的笑容非常甜。

   —That girl's smile is very sweet.

3. 告诫^{gào jiè}：admonish

   Ex.：老师告诫我们，考试前夜不要熬夜。

   —The teacher admonished us not to stay up late the night before the exam.

4. 嫌^{xián}：dislike; find fault with

   Ex.：他嫌那家餐馆的服务态度差。

—He dislikes the poor service attitude of that restaurant.

5. 古板<small>gǔ bǎn</small>：rigid and conservative; old-fashioned

   Ex.: 虽然他的观念有点古板，但是他是一个非常好的人。

   —Although his ideas are a bit old-fashioned, he is a very good person.

6. 吞吞吐吐<small>tūn tūn tǔ tǔ</small>：stammering; stuttering

   Ex.: 小明因为紧张在演讲的时候吞吞吐吐。

   —Ming was stammering during his speech due to nervousness.

7. 多心<small>duō xīn</small>：oversensitive; suspicious

   Ex.: 你不要那么多心，他的话只是一种建议。

   —Don't be so oversensitive; his words were just a suggestion.

8. 相亲<small>xiāng qīn</small>：blind date

   Ex.: 她的朋友给她安排了一个相亲。

   —Her friend set her up on a blind date.

Cultural Navigation

Blind dating has been a long-standing practice in Chinese culture, where singles seek the help of parents, elders, or professional matchmakers to arrange dates. However, the practice has developed with the younger generation's preference for social media and online dating platforms. Blind dates are no longer confined to traditional matchmaking and can now be set up independently. These dates are typically held in public areas like cafes, restaurants, or parks and are seen as a thrilling opportunity to meet new people and possibly discover love. Despite the social expectations of finding a partner, many Chinese people use blind dating to expand their social circle and gain valuable dating experience. For those like Zhao, who struggle with dating, practicing romantic scenarios and enhancing their language skills can be beneficial in finding their perfect match.

Reflection and Discussion

1. 你觉得小赵的朋友们帮他改善他的交际技能的方式有哪些优点和缺点？

2. 如果你是小赵的朋友，你会如何帮助他克服他在相亲时的紧张？

Advanced Language Exercises

1. 请做相关研究，描述"剩男"在中国社会中的挑战和压力。

2. 分析故事中小赵的言语行为，讨论他的问题并提出改善的建议。

3. 写一篇文章（约300字），探讨中国的相亲文化以及社会对未婚男女的期待和压力。

两道选择题的启示
Two Choices and Their Implications

Contextual Introduction

Our protagonist, a university professor, conducts a discussion about perceptions of love under different circumstances, exposing implicit assumptions we often make about relationships. This insightful story helps us reflect upon the selfless love of parents and its stark contrast with other forms of love.

选修课上，教授面带微笑，走进教室，对我们说："今天来做一项问卷调查，请同学们帮个忙。"一听这话，教室里便议论开了，这门课本来很枯燥，这下好玩多了。

问卷发下来了。一看，只有两道题。

第一题：他很爱她。她细细的瓜子脸，弯弯的眉毛，美丽动人。可是有一天，她不幸遇上了车祸，痊愈后，脸上留下几道大大的疤痕。你觉得，他会继续爱她吗？

A. 他一定会　B. 他一定不会　C. 他可能会

第二题：她很爱他。他是商界精英，儒雅沉稳，敢打敢拼。忽然有一天，他破产了。你觉得，她还会像以前一样爱他吗？

A. 她一定会　B. 她一定不会　C. 她可能会

一会儿，我们就做完了。问卷收上去，教授一统计，发现：第一题有百分之十的同学选 A，百分之十的同学选 B，百分之八十的同学选 C。第二题呢，百分之三十的同学选了 A，百分之三十的同学选 B，百分之四十的同学选 C。

"看来，美女毁容比男人破产，更让人不能容忍啊。"教授笑了，"做这两道题时，你们是不是把他和她当成了恋人关系？"

"是啊。"我们答得很整齐。

"可是，题目并没有说他和她是恋人关系啊？"教授看着大家，"如果，第一题中的'他'是'她'的父亲，第二题中的'她'是'他'的母亲。让你把这两道题重新做一遍，你还会坚持原来的选择吗？"

问卷再次发到我们的手中，教室里忽然变得非常安静，一张张年轻的脸庞变得凝^{níngzhòng}重而深沉。几分钟后，问卷收了上去，教授再次统计，两道题，我们都百分之百地选了 A。

教授的语调深沉而动情："这个世界上，有一种爱，无私无求^{wú sī wú qiú}，不随季节更替^{gèng tì}，不因名利^{míng lì}改变，这就是父母的爱啊！"

善待父母，他们永远是最爱我们的。

🐉 Glossary

1. 问卷调查^{wènjuàndiàochá}：questionnaire

   Ex.: 我们正在进行一项问卷调查，以了解消费者对新产品的看法。

   —We are conducting a questionnaire survey to understand consumer opinions about the new product.

2. 议论^{yì lùn}：discuss; discussion

   Ex.: 这个新政策已经引起了大家的热烈议论。

   —This new policy has sparked heated discussions.

3. 枯燥^{kū zào}：dull; boring

   Ex.: 他认为这个讲座内容太枯燥，没有吸引力。

   —He thinks the lecture content is too dull and uninteresting.

4. 疤痕^{bā hén}：scar

   Ex.: 他的脸上有一道明显的疤痕，是在童年时期留下的。

   —There is a noticeable scar on his face from his childhood.

5. 　儒雅沉稳:refined and steady

   Ex.: 他以其儒雅沉稳的个性在商界赢得了好评。

   —His refined and steady personality has earned him accolades in the business world.

6. 　破产:go bankrupt

   Ex.: 由于经济危机，许多公司都破产了。

   —Many companies have gone bankrupt due to the economic crisis.

7. 　凝重:grave and serious

   Ex.: 听到这个消息后，他的脸色变得凝重起来。

   —Upon hearing the news, his face turned grave and serious.

8. 　无私无求:be selfless and ask for nothing in return

   Ex.: 她对于帮助别人是无私无求的。

   —She is selfless and asks for nothing in return when helping others.

9. 　更替:change

   Ex.: 随着科技的进步，许多传统行业正在经历翻天覆地的更替。

   —With the advancement of technology, many traditional industries are undergoing drastic changes.

10. 　名利:fame and fortune

    Ex.: 他放弃了追求名利，选择了他真正热爱的职业。

    —He gave up the pursuit of fame and fortune and chose the profession he truly loves.

Cultural Navigation

Filial piety is a central aspect of Chinese culture and has been for thousands of years. It is a value that is deeply ingrained in the hearts and minds of Chinese people and is considered one of the most important virtues in their society. The concept of filial piety is deeply rooted in Confucian philosophy, which has significantly affected Chinese culture and society.

Filial piety goes beyond simply showing respect and obedience to one's parents and ancestors. It also involves caring for them and ensuring their well-being in old age. In Chinese culture, children are expected to support their parents and grandparents and provide for them when they can no longer care for themselves. This duty is seen as a way of repaying the debt of gratitude owed to parents for giving their children life and raising them. There are many ways in which filial piety is expressed in Chinese culture. For example, families gather during important festivals, such as the Chinese New Year, to share meals. Many Chinese people also make offerings to their ancestors, such as burning incense or leaving food and drinks at their gravesites.

Despite the changes brought about by modernization and globalization, filial piety remains an important value in Chinese culture. While some aspects of traditional Chinese culture have faded away, filial piety continues to be emphasized and passed down from generation to generation. It is a fundamental aspect of Chinese identity, and a symbol of respect for the past and the wisdom of one's ancestors.

Reflection and Discussion
1. 在你的文化背景下，父母的爱通常如何被理解和表达？
2. 对你来说，无私的爱是什么样子的？

Advanced Language Exercises
1. 讨论一下在你的社会或文化中，家庭和父母的角色对个人成长和个人价值观的影响。
2. 写一篇文章（约300字），讨论在现代社会中，我们如何能更好地理解和欣赏父母的爱。

村里来了个洋教师
A Foreign Teacher in the Village

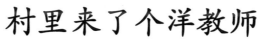

Contextual Introduction

The story reveals insights into cultural exchange, misunderstandings, acceptance, and the transformation of a village under the influence of a teacher. It serves as a testament to the power of education and the resilience of cultural harmony.

大卫来到顺河村的时候，已经有不错的汉语口语水平了，加上曾三次到中国旅游，大卫经常竖着大拇指说："我是一个 中国通 (zhōng guó tōng)"。

顺河村有山有水，是大卫一直寻找的理想地方。大卫带的钱不多，但一部数码相机和一台笔记本电脑常不离身，那算是贵重的东西了。

大卫在一所学校当 义务 (yì wù) 英语教师。来到学校后，校长笑呵呵地向大卫介绍："我们这儿早上吃羊，中午吃鱼，晚上吃蛋。"大卫瞪圆了蓝蓝的眼睛，惊讶而天真地问："那不早已经是 小康 (xiǎo kāng) 了？"围观的学生"哄"地笑了，那笑很 羞涩 (xiū sè)，也很小心。有个调皮的学生后退几步，喊道："那你连着念念！"喊完拔腿就跑。

"羊——鱼——蛋，洋芋蛋！"大卫也笑了。大卫知道，洋芋蛋是土豆，他吃过，味道还算不错，就是淀粉含量多了点儿。

大卫当老师的消息在村里引起了不小的 风波 (fēng bō)，有人找到了校长："那可不行，电视里的那些外国人可开放了，一见面就搂搂抱抱、亲嘴乱摸，可别教坏了我们的孩子。让他走！"

大卫当然没走。大卫的目标是要教遍学校的各个年级，游遍顺河的山山水水。

"你们念的不是英语，我教你们正宗的英语，来，先从我的名字开始：Davy——戴——维。"学生们小声地念着，几遍之后，见大卫双手齐齐地竖起大拇指，便羞涩地笑了。

放学后，大卫的相机就忙开了，到处寻找蓝的天、绿的地、清的泉、嫩的叶、红的果。

不久，有好消息传进村子和学校，在省里举行的英语朗诵比赛上，村里的学生拿了一等奖。评委们说，大山沟里的学生能有这么标准的口语，简直令人难以相信。

村子像被好消息烧着了火，处处都是称赞声。获奖学生的父母把这事当成了大喜事来办，大摆酒席，一点儿也不谦虚地接受着大家的祝贺。鞭炮响过后，他们还拉着孩子去给大卫磕头。大卫微笑着举起相机，可学生却死活笑不出来。大卫就鼓励说："平时上课之前，你们问候我早上好怎么说？"大卫知道，最后一个单词是自己的名字，只要发音标准，就会是一个标准、灿烂的微笑。

平时他总是让学生直接叫他的名字，哪里传来一声"戴维"，哪里就有一张笑脸，到处都暖洋洋的。

学生的"戴"音拖了半天，让身后的父母着急地一推，脱口而出的称呼竟然变成了"戴大爷"。于是笑声就来了，大卫的相机忙活得更厉害了。

学生的父母抓紧机会说："这孩子去省里都能上台朗诵，可一回到村里，平时见到人都不敢说话。洋老师你有本事，再给治治这毛病，见得了大世面见不得小场面，这可怎么行？"

大卫便把电脑带进了课堂，大卫要给学生上一堂关于自信的课。只几秒钟，所有的学生都呆呆地盯着电脑屏幕。是的，谁都想象不到，自己身边砍柴割草的山，洗脚捉鱼的小溪，阴晴分明的天，经过大卫的小相机、小电脑这么一弄，竟如此的美，美得让人不敢相信。

走的那天，大卫悄悄地选了个星期天，他怕见到那种离别的场面。可背着有半个人高的大包走在路上的大卫，还是引起了在山上割草的孩子们的注意。慢慢地，聚起来的送行队伍逐渐就有了一小队，和山路一样弯曲。孩子们挥舞着镰刀，大声地用标准的英语呼喊着："Davy, will you come back tomorrow?"

"Of course！但是明年我会把我太太和孩子都带来！"

于是，欢快的呼喊和笑声，在山间回荡着，久久不散。
huí dàng

（根据巩高峰《村里来了个洋教师》改编）

Glossary

1. 中国通：China Hand (someone who knows China well)
   zhōng guó tōng

   Ex.: 由于他在中国生活了多年，他被认为是一个中国通。

   —Because he has lived in China for many years, he is considered a China Hand.

2. 义务：voluntary
   yì wù

   Ex.: 这些志愿者为社区做了很多义务工作。

   —These volunteers have done a lot of voluntary work for the community.

3. 小康：a moderately prosperous society
   xiǎo kāng

   Ex.: 中国的目标是建设一个全面小康社会。

   —The goal of China is to build a comprehensively moderately prosperous society.

4. 羞涩：shy
   xiū sè

   Ex.: 当他向她表白时，她显得很羞涩。

   —She was shy when he confessed his feelings to her.

5. 风波：disturbance
   fēng bō

   Ex.: 这场风波在社区中引起了很大的关注。

   —This disturbance has caused a lot of attention in the community.

6. 正宗：authentic
   zhèng zōng

   Ex.: 这家餐馆以其正宗的川菜而闻名。

   —This restaurant is famous for its authentic Sichuan cuisine.

7. 大摆酒席：make a feast
   dà bǎi jiǔ xí

   Ex.: 在他的生日那天，他的家人大摆酒席来庆祝。

—His family made a feast to celebrate his birthday.

8. 磕头^{kē tóu}：kowtow

8. 磕头：kowtow

   Ex.: 在古代，人们会在皇帝面前磕头以示尊敬。

   —In ancient times, people would kowtow in front of the emperor to

   show respect.

9. 灿烂：bright

   Ex.: 那天晚上，星星闪烁灿烂。

   —The stars were bright and twinkling that night.

10. 世面：all aspects of society

    Ex.: 他旅行的经历让他对世面有了更深的了解。

    —His travel experiences gave him a deeper understanding of all aspects

    of society.

11. 场 面：the scene (in a certain occasion)

    Ex.: 当她登台时，掌声盖过了整个场面。

    —When she took the stage, the applause overshadowed the whole scene.

12. 回荡：reverberate

    Ex.: 在寂静的夜晚，他的歌声在山谷中回荡。

    —In the quiet night, his song reverberated in the valley.

Cultural Navigation

Greetings play a vital role in social interaction, reflecting our cultural
background and values. Across cultures, the way we greet each other differs.
Western cultures are more relaxed and informal, with physical contact and
displays of affection being commonplace. For instance, hugs or kisses on the
cheek are common ways to greet someone in the West, symbolizing warmth
and intimacy. On the other hand, formal greetings and respect are important
in Chinese culture. A handshake is the most common form of greeting, and

physical contact is less frequent. The emphasis is on showing respect and acknowledging the other person's status and position in society.

As a result, some people in Shunhe village expressed skepticism about Davy's influence on children's behavior by using open and informal greeting styles, which are not typically accepted in traditional Chinese society. Despite this, modern China is becoming more culturally tolerant and accepting, and people are open to different greeting styles.

Reflection and Discussion

1. 你和你熟悉的其他国家之间的文化交流和教学方法有何不同?

2. 你认为影响一个地区接纳外国文化和人的关键因素是什么?

Advanced Language Exercises

1. 描述你身处一个完全不同的文化中生活或学习的经历。分享你最初的反应，以及随着时间的推移，你对此的理解和接纳程度是如何发展的。

2. 讨论教育在促进地区或社区内文化接纳与和谐中的作用和影响。

3. 写一篇约 300 字的文章，讨论在文化差异环境中作为外国教师的挑战和回报。

《论语》与橄榄球
The *Analects of Confucius* and Football

Contextual Introduction

In this story, a fascinating exploration is folded of cultural convergence and misunderstanding through the lens of American students' learning about the *Analects of Confucius*. The narrative, which pivots around the interpretation of traditional values of respect and discipline, presents an intriguing parallel between Confucian principles and the social norms inherent in American football, which offers a poignant discourse on individualism versus collectivism.

这学期，我开始给美国学生讲《论语》。第一课就讲到了那段著名的话："其为人也孝悌，而好犯上者，鲜矣；不好犯上，而好作乱者，未之有也。"大意是说：做人孝敬父母，尊重兄长，就很少会冒犯上司，不冒犯上司的人，一般也不会造反。

这是典型的君君臣臣父父子子*那一套，美国人天性喜欢自由，喜欢挑战权威，怎么能接受这样的说教？不料，我让一个学生读英文翻译，那学生读完，不住地点头称是。我问他是否同意这段话，他回答："当然，这是做人最基本的规矩。"

我马上问："这和你们美国人的自由主义如何协调？"他回答："自由当然重要，但是首先还得有规矩，有纪律，否则社会无法运转。这段话，和学校里橄榄球队的规矩就特别像。"

---

* He who is a ruler should act like a ruler, he who is a minister should act like a minister, he who is a father should act like a father, and he who is a son should act like a son. This quote emphasizes the significance of respecting one's social rank and family ties.

这下，《论语》课一下子变成了橄榄球课。这位学生说，孔子所谓的孝悌，一是尊重父母，一是尊重兄长。这就好比在高中的橄榄球队中首先要尊重教练，其次要尊重高年级的同学一样。美国的高中有四年，一年级的学生也许球艺甚高，但是许多事情要服从四年级的老大哥。因为打橄榄球，上场人数多，队形讲究，离开了集体，再大的本事也难以施展。想要培养出这种全队必须像一个人一样的集体精神，光有技术是不够的，还需要前辈传授经验。

这个学生最后总结说："橄榄球队就是美国社会的一个缩影。我爸爸是公司总裁。他创建公司时，就那么几个人，大家完全是团队运作，有时简直就是有集体无个人。你要是那时候总想着我怎么样，就没有人和你合作了。如今公司做大了，当年参与创建公司的那帮人作为个人就浮现出来了。他们是最早到公司的人，有特权，别人就得听他们的。孔子的那套规矩，在公司里也得讲。大家守这套规矩，公司才能运转。美国是讲个人，但是，没有集体，哪里有个人？"

中国人对美国文化的一个最大误解，就是觉得人家只讲个人。其实，从上学的第一天起，美国孩子就会接受与别人合作、尊重别人的训练。而体育是培养他们这种团队精神的最好方式。

（根据薛涌《〈论语〉与橄榄球》改编）

Glossary

1. 孝悌 : respect for parents and siblings

    Ex.: 在中国，孝悌被视为是人格的基础。

    —In China, respect for parents and siblings is viewed as the foundation of a person's character.

2. 好 : like to

    Ex.: 他好学习，因此成绩总是很好。

    —He likes to study, so his grades are always good.

3. 鲜 : less; rarely; unknown

Ex.: 这种植物在这个地区非常鲜见。

—This plant is less likely to be seen in this region.

4. 作乱zuò luàn：start a rebellion

Ex.: 在历史上，有许多人因为作乱而被处罚。

—Throughout history, many people have been punished for starting rebellions.

5. 冒犯mào fàn：offend (not being polite in speech or behavior)

Ex.: 他说话冒犯了那个女士，所以她非常生气。

—He offended the lady with his words, so she was very angry.

6. 橄榄球gǎn lǎn qiú：football

Ex.: 我们的学校有一个非常强大的橄榄球队。

—Our school has a very strong football team.

7. 施展shī zhǎn：display

Ex.: 她在舞台上充分施展了自己的才华。

—She fully displayed her talents on stage.

8. 传授chuánshòu：teach; impart

Ex.: 老师耐心地传授知识给学生。

—The teacher patiently imparts knowledge to the students.

9. 缩影suō yǐng：miniature

Ex.: 这个模型是实际建筑的缩影。

—This model is a miniature of the actual building.

10. 总裁zǒng cái：president

Ex.: 我的父亲是一家大公司的总裁。

—My father is the president of a large company.

11. 浮现fú xiàn：emerge

Ex.: 随着经济发展，新的问题开始浮现。

—New problems emerged with economic development.

12. 特权tè quán：privilege

Ex.: 作为公司的高级经理，他享有一些特权。

—As a senior manager of the company, he enjoys some privileges.

Cultural Navigation

The *Analects of Confucius*, a collection of teachings by the revered educator and philosopher Confucius from ancient China, offers invaluable wisdom on living a virtuous life. Confucius, who lived in the 6th century BCE, placed great emphasis on education and personal development and greatly influenced Chinese society and culture. In the *Analects of Confucius*, Confucius advocates for moral principles such as respect, honesty, and kindness. He believed that building and maintaining strong personal relationships between rulers and subjects, fathers and sons, and friends was the key to a harmonious society. The teachings of Confucius provide a glimpse into Chinese culture and values, which emphasize respect, hierarchy, and family relationships. Today, Confucianism remains a vital part of Chinese tradition and belief, making a thorough understanding of the *Analects of Confucius* crucial for anyone seeking to navigate Chinese culture and forge positive relationships with Chinese individuals and communities.

Reflection and Discussion

1. 《论语》与橄榄球的共同点是什么？

2. 在你看来，中国传统文化中的"孝悌"与西方社会中的规矩和纪律有何异同？

Advanced Language Exercises

1. 以"团队精神与个人主义"的主题写一篇文章（约400字），讨论二者如何在你生活的环境中共存，以及你对此的看法。

2. 结合你的写作内容，和同伴进行口语讨论，分享你的观点和理解，并听取他们的观点，进行交流与辩论。主题为：集体主义与个人主义之间有可能找到平衡点吗？

SECTION
FIVE

MODERN
CHINA

体恤之心
Compassionate Heart

上海的冬夜，灯光闪烁(shǎnshuò)，车水马龙(chē shuǐ mǎ lóng)。出租车司机孙宝清在浦东大道接了一位客人，客人要去浦西的一家饭店。车没开出多久，这位客人却突然要求掉头回去。

"已经进了隧道(suì dào)，没办法掉头了。"孙宝清说。

"出门的时候我换了条裤子，忘了拿钱包出来了。"客人着急起来。

孙宝清看到客人的窘态(jiǒng tài)后，摆摆手说，可以免费送他到目的地。一路上，他还不停地安慰客人："不用担心，人总是有忘东西的时候，我也有过，人之常情嘛"。

就这样，两人聊了起来。客人告诉孙宝清，他刚来上海不久，人生地不熟，所以才着急。不一会儿，车到达目的地，车费为十七元。孙宝清把计价器(jì jià qì)的牌子翻了起来，十七元随即变成零元。随后，他拿出三张共计三十元的乘车票递给客人，并嘱咐他："回去的时候，找一辆我们公司的出租车，可以用这个付车费。"那位客人收下乘车票，连声道谢，然后匆匆离去。

过后，孙宝清并没有把这事放在心上，毕竟这对于他来说，已经不是第一次了。可是，两天后，他突然接到那位客人打来的电话，问他是否愿意做他的司机。客人说他叫龚天益，是纽约银行上海分行的行长。

很多人问龚天益，为什么要选孙宝清？龚天益说："理由很简单，是他那颗体恤(tǐ xù)他人的心深深打动了我。他知道我没带钱包，就一直安慰我；明明二十元乘车票就够了，他可能考虑到也许我会有其他事情，给了我三十元……银行业也是服务业(fú wù yè)，要以顾客为本。我以为，他是服务业的楷模(kǎi mó)，所以我选择他。"

（根据戚锦泉《体恤之心》改编）

 **Glossary**

1. 闪烁 shǎnshuò : twinkling

   Ex.: 星星在夜空中闪烁，如同一颗颗璀璨的钻石。

   —The stars were twinkling in the night sky, like brilliant diamonds.

2. 车水马龙 chē shuǐ mǎ lóng : a constant flow of cars and horses. Cars are compared to flowing water, while horses are compared to swimming dragons. It is used to describe the bustling traffic.

   Ex.: 在早高峰期间，城市的街道就像车水马龙，繁忙无比。

   —During the morning rush hour, the city streets are bustling with traffic, like a constant flow of cars and horses.

3. 隧道 suì dào : tunnel

   Ex.: 这座山太陡峭，所以我们必须通过隧道。

   —The mountain is too steep, so we must go through the tunnel.

4. 窘态 jiǒng tài : embarrassment

   Ex.: 当他意识到自己的错误时，他的脸上充满了窘态。

   —When he realized his mistake, his face was full of embarrassment.

5. 计价器 jì jià qì : taximeter

   Ex.: 出租车司机打开了计价器，然后我们开始了我们的旅程。

   —The taxi driver turned on the taximeter, and then we started our journey.

6. 体恤 tǐ xù : show compassion to others

   Ex.: 在困难的时候，我们应该对他人体恤，给予他们我们所能提供的帮助。

   —In difficult times, we should show compassion to others and offer them any help we can provide.

7. 服务业 fú wù yè : service industry

   Ex.: 他在一家酒店工作，这是一个需要高度专业技能的服务业。

   —He works in a hotel, which is a service industry that requires a high level of professional skills.

8. 楷模(kǎi mó)：model

Ex.: 她是我们的楷模，我们都想要向她学习。

—She is our model, and we all want to learn from her.

Cultural Navigation

This heartwarming tale embodies the spirit of Chinese hospitality and exceptional customer service. The taxi driver didn't just provide a ride; he ensured that his passenger felt comfortable and satisfied. In China, providing top-notch service is a fundamental belief that fosters strong relationships and social harmony. The passenger's decision to offer the driver a job demonstrates the importance of reputation and positive relationships in Chinese business culture. This story is a vivid example of how deeply ingrained values and social norms are in Chinese culture. Learning and understanding these cultural nuances are essential for anyone who wants to communicate effectively and respectfully in China.

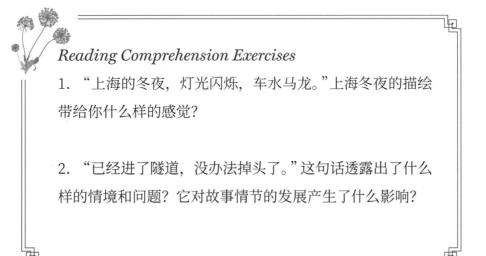

Reading Comprehension Exercises

1. "上海的冬夜，灯光闪烁，车水马龙。"上海冬夜的描绘带给你什么样的感觉？

2. "已经进了隧道，没办法掉头了。"这句话透露出了什么样的情境和问题？它对故事情节的发展产生了什么影响？

3. "孙宝清看到客人的窘态后，摆摆手说，可以免费送他到目的地。"孙宝清的这种行为反映出了什么样的人格特质？在中国文化中，这种行为意味着什么？

4. "过后，孙宝清并没有把这事放在心上，毕竟这对于他来说，已经不是第一次了。"你如何理解孙宝清的这种态度？这是否反映出一种特定的价值观？

Advanced Language Exercises

1. 根据孙宝清的行为，解释其对龚天益的意义并分析他为何选择孙宝清作为自己的司机。

2. 请就你所理解的服务行业中的职业道德和服务态度的重要性写一篇文章（约 400 字）。

3. 假设你和你的同伴是孙宝清和龚天益，在一个小型聚会中再次相遇。你们需要根据故事中的角色和经历进行对话。请使用从故事中学到的词汇和表达方式。例如：体恤、免费、窘态等。

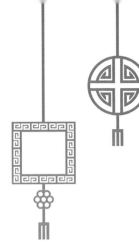

电梯里的一分钟
One Minute in the Elevator

孔君竹是位设计师。设计师这行业竞争非常激烈，好在孔君竹和同事们关系融洽，所以压力不是很大，就连一向"冷血无情"的王总也似乎看孔君竹越来越顺眼。

一天早上上班时，电梯门眼看就要关上了，王总突然蹿了进来。用"蹿"这个词绝对一点儿也不夸张，他那个动作实在是迅速。当王总见电梯里站着孔君竹时，脸竟然有点儿红，显然，让下属看到了刚才的一幕，他有点儿不好意思。

孔君竹却像没事一样，礼貌地跟他打招呼："王总，早上好！"然后主动按下了电梯门旁那个"15"键，显得大气而自信。王总马上就"忘"了刚才那个动作，愣了两秒钟就反应过来，然后用少有的随和语气主动调侃："小伙子今天这西服穿得挺精神的，不过你还是没我帅气，哈哈。"

孔君竹的心在"扑通、扑通"地跳，脸上却故作轻松："那是，但我相信追求我的人肯定不会比您少哦！"一个老板和下属就这样全无沟通障碍了。孔君竹不失时机地说："王总，您说明天的世界杯决赛，法国队会夺冠吗？"王总又是一愣，然后哈哈大笑："你也喜欢足球？知己啊知己！"不知不觉中，王总已经自然地把右手搭在了孔君竹的肩膀上。电梯门开了，王总也没记得把右手放下来。

一个月后，王总任命孔君竹为部门主管。同事们正感意外时，王总却用欣赏的目光鼓励还没有做好升职思想准备的孔君竹。

电梯里，孔君竹利用一分钟的时间决定了王总对他的印象。他大气、有礼、自信的举动把尴尬化为乌有，兴趣相投更是拉近了两人的距离。孔君竹在电梯里把握住了升职的机会。

 **Glossary**

1. <ruby>竞争<rt>jìng zhēng</rt></ruby>：competition

    Ex.: 在商业市场上，竞争是无法避免的。

    —In the business market, competition is inevitable.

2. <ruby>融洽<rt>róng qià</rt></ruby>：cordial; harmonious

    Ex.: 他和他的同事关系非常融洽。

    —He has a very cordial relationship with his colleagues.

3. <ruby>蹿<rt>cuān</rt></ruby>：rush over

    Ex.: 一看到食物，狗就蹿了过去。

    —As soon as the dog saw the food, it rushed over.

4. <ruby>迅速<rt>xùn sù</rt></ruby>：fast

    Ex.: 他的反应非常迅速，立刻抓住了那个小偷。

    —His reaction was very fast, he immediately caught the thief.

5. <ruby>调侃<rt>tiáo kǎn</rt></ruby>：tease

    Ex.: 他喜欢调侃他的朋友，但他的朋友们并不介意。

    —He likes to tease his friends, but his friends don't mind.

6. <ruby>障 碍<rt>zhàng ài</rt></ruby>：barrier

    Ex.: 语言障碍有时会阻碍我们理解他人的观点。

    —Language barriers can sometimes hinder us from understanding other

    people's views.

7. <ruby>世界杯决赛<rt>shì jiè bēi jué sài</rt></ruby>：World Cup Final

    Ex.: 我们非常期待这次的世界杯决赛，这将是一场精彩的比赛。

    —We are looking forward to the World Cup Final, it will be a wonderful

    game.

8. <ruby>尴尬<rt>gān gà</rt></ruby>：awkward

    Ex.: 当他的裤子在公共场合破了，他觉得非常尴尬。

    —He felt very awkward when his pants broke in public.

9. **乌有** : nonexistent
   _{wū yǒu}

   Ex.: 在这座城市里，找到一个不吵闹的地方简直乌有。

   —It's practically nonexistent to find a quiet place in this city.

10. **升职** : get a promotion
    _{shēng zhí}

    Ex.: 他的努力得到了回报，他最近升职了。

    —His hard work paid off; he got a promotion recently.

Cultural Navigation

"Face" (面子) is more than just a physical feature—it's a crucial aspect of social interaction. It's about maintaining one's reputation and dignity while also showing respect to others. Giving and maintaining face is paramount in a culture that values hierarchies and relationships. People are expected to show deference to those in higher positions and avoid public criticism at all costs. This is especially important in the workplace, where colleagues aim to collaborate and maintain a harmonious atmosphere. Through open communication, respect, and an emphasis on positive relationships, individuals can thrive in the Chinese workplace and beyond.

Reading Comprehension Exercises

1. "孔君竹和同事们关系融洽，所以压力不是很大，就连一向'冷血无情'的王总也似乎看孔君竹越来越顺眼。"对孔君竹的人格特质进行描述，并分析他和同事们，特别是和王总的关系对他在工作中产生的影响。

2. "孔君竹不失时机地说:'王总,您觉得明天的世界杯决赛,法国队会夺冠吗?'"为什么孔君竹会选择这个时间和王总谈论足球?他的这个问题对他和王总关系的发展有何影响?

3. "一个月后,王总任命孔君竹为部门主管。"请分析孔君竹的哪些行为可能影响了王总的这个决定?

Advanced Language Exercises

1. 请根据故事中的信息,对孔君竹在电梯中的行为进行分析,并论述其对孔君竹职业发展的影响。

2. 请写一篇文章(约400字)讨论你对职场中人际关系管理的看法,可以借鉴故事中的情景。

3. 假设你是孔君竹,现在需要向你的团队写一封邮件,公布你的新职务,并展望未来团队的发展方向。请使用你从故事中学到的词汇和表达方式。例如:竞争、融洽等。

朋友是用来麻烦的
Friends Help through Difficulties

两年前，他苦心经营三年多的小公司破产了，一夜之间，他不仅成了一个一文不名的穷光蛋，还欠了一屁股债（yī pì gu zhài），被人追着到处跑。家是不能回的，思来想去，只有去省城的一个朋友那儿躲一躲。

他和他的朋友从小一起长大，关系当然是没的说！小时候，有一次去海边玩，朋友不小心掉进水里，是他喊人把他救上来的，这种交情应该算深厚了吧！

可是下了火车，他又有些犹豫（yóu yù）了，多年没见，朋友还是原来的朋友吗？记得朋友结婚的时候，他去参加了婚礼，朋友娶的是一个娇滴滴（jiāo dī dī）的漂亮女人，她会不会嫌弃自己呢？

想到这里，他把口袋里仅有的钱翻出来数了一数，在火车站附近找了一间最便宜的小旅馆住下。他心里想，住几天算几天吧！

一天，想不到朋友找来了。一见面，朋友就生气地数落（shǔ luo）他："你真不够哥们，来省城也不找我，害得我到处找你，要不是你妈偷偷地打电话给我，我还不知道呢！"他低着头看着脚尖，不好意思地说："这不是怕给你添麻烦（tiān má fan）吗？你看我现在，又脏，又穷，又臭（chòu）……"

朋友在他的胸口打了一拳："你还是那个脾气，朋友就是用来麻烦的，你不麻烦我，我才生气呢！"

那一刻，他一句话都说不出来，他只当全世界都抛弃（pāo qì）了自己，却原来还有一个人深深地记挂（jì guà）着自己，有这样的朋友，还能说什么呢？他只得乖乖地收拾行李跟着朋友去他家。

朋友的妻子给他收拾了一间明亮宽敞的屋子，为他准备了可口的饭菜，还叮嘱（dīng zhǔ）他千万不要客气，就当在自己家里一样。他洗了澡，换了衣服，美美地睡了一觉。

之后，他调整好心态，到银行贷了款，抓住机遇，终于东山再起，不但还清了贷款，还有了安定的生活。

"朋友是用来麻烦的"，每当想起这句话，他心中便会温暖如春。

Glossary

1. 一屁股债：a pile of debts

   Ex.: 他由于过度消费，现在欠下了一屁股债。

   —He owes a pile of debts due to excessive consumption.

2. 犹豫：hesitate

   Ex.: 他站在跳水板上，犹豫了一会儿，然后跳下了水。

   —He stood on the diving board, hesitated for a moment, and then jumped into the water.

3. 娇滴滴：delicate and pretty

   Ex.: 她的宝宝非常娇滴滴，像个小天使。

   —Her baby is very delicate and pretty, like a little angel.

4. 数落：blame

   Ex.: 他犯了一个大错误，被经理数落了一顿。

   —He made a big mistake and was blamed by the manager.

5. 添麻烦：cause trouble

   Ex.: 我真不想添麻烦，但我真的需要你的帮助。

   —I really don't want to cause trouble, but I really need your help.

6. 臭：smelly

   Ex.: 垃圾桶里的垃圾散发出臭味。

   —The garbage in the trash can is smelly.

7. 抛弃：abandon

   Ex.: 在困难面前，我们不能抛弃我们的理想。

   —In the face of difficulties, we cannot abandon our ideals.

8.　記挂：miss

<ruby>记挂<rt>jì guà</rt></ruby>

Ex.: 尽管他们分隔两地，但他还是时常记挂着她。

—Despite being far apart, he still misses her often.

9.　叮嘱：exhort

<ruby>叮嘱<rt>dīng zhǔ</rt></ruby>

Ex.: 在我离开家时，母亲叮嘱我要注意安全。

—When I left home, my mother exhorted me to be careful.

10.　东山再起：make a comeback

<ruby>东山再起<rt>dōngshān zài qǐ</rt></ruby>

Ex.: 尽管他在业务上失败了，但他决定东山再起。

—Even though he failed in his business, he decided to make a comeback.

Cultural Navigation

Chinese culture emphasizes the value of friendship, which the story shows. Despite not having seen his friend in many years, the protagonist turns to him for help when he finds himself in a difficult situation. The friend warmly welcomes him, offering him a place to stay and helping him get back on his feet. This highlights the significance of enduring and meaningful relationships in Chinese society.

"麻烦" is a crucial element of the story, as it holds multiple meanings. It refers to anything from a minor inconvenience to a serious problem, making it a versatile term that captures the essence of many different situations. In the story, the protagonist is hesitant to contact his friend because he does not want to be a "麻烦," or a burden. However, his friend reminds him that "朋友就是用来麻烦的," which can be translated as "a friend is someone who can be relied on in difficult times." This statement highlights the fact that loyal friends in Chinese culture are always willing to lend a helping hand, no matter how inconvenient or challenging the situation may be.

Reading Comprehension Exercises

1. "两年前，他苦心经营三年多的小公司破产了，一夜之间，他不仅成了一个一文不名的穷光蛋，还欠了一屁股债。"作者用了哪些词语来描绘主人公的困境？这对你理解主人公的情绪和状况有什么帮助？

2. "可是下了火车，他又有些犹豫了，多年没见，朋友还是原来的朋友吗？"主人公为什么会有这样的疑虑？他的担心是否合理？

3. "朋友在他的胸口打了一拳：'你还是那个脾气，朋友就是用来麻烦的，你不麻烦我，我才生气呢！'"根据这段描述，你如何评价朋友的性格和他们的友情？朋友的这句话对主人公有什么样的影响？

Advanced Language Exercises

1. 请以主人公的角度，写一篇日记，描述他在朋友家第一晚的心情与感想（约 400 字）。在日记中使用本故事中出现的词汇，例如：犹豫、一屁股债、温暖如春等。

2. 设计一段对话，假设主人公在东山再起后，与他的朋友进行了一次深入的谈话。在这次谈话中，他们谈论了朋友关系、生活的起落，以及如何面对困难。

生死抉择

Life and Death Decision

天还没有亮，203路公交司机滨子已经在上班的路上了。雪花铺天盖地地撒下来，滨子有一些抱怨。虽然冬天的雪景很美，但作为司机，他最讨厌这样的天气。

离单位还差两个街口，滨子却突然停了下来。在他左侧的路口，一辆203路公交车摇摇晃晃，似乎正准备停下来。要知道，那可是一个十字路口，何况在这样的天气，这样一个正值上班高峰的时候！太危险了！这是哪个司机？真是吃了豹子胆！

还好，那辆公交车在拐过路口之后，稳稳地停在了路边。随即，应急灯闪亮起来。乘客们神色慌张地吵嚷着下了车。

出问题了！肯定出问题了！

容不得多想，滨子调转方向，加快脚步。

走到近前，看清楚车牌号，滨子知道司机是谁了。按理说，小兄弟何国强进车队五年了，从来没出过任何事故，至于车，更不可能出现问题，那是全车队刚刚买进的最好的一辆车，队长就是因为最相信何国强，才让他来驾驶的。可今天这是怎么了？滨子有些着急……

乘客们已经全部下车。滨子迅速上车查看，"小何，出了什么问题？车子怎么停下来了？"

何国强端坐在驾驶座上一动不动，一声不吭。这让滨子有些恼火。"怎么回事儿？说话呀！有啥困难有哥儿们呢！"

滨子边说，边走到何国强身旁，拍拍他的肩膀还准备多说几句，却见何国强双眼紧闭、表情痛苦地靠在椅背上。

"小何！小何！小何！"滨子才觉得不对，连声呼喊，却不见何国强有任何反应……

救护车第一时间赶到。不是一辆，而是很多辆。因为，在打"120"的时候，何国强说的是：有位公交司机在车上突发急病……所以，医护人员（yī hù rén yuán）觉得事况紧急，伤亡情况可能会很严重，便及时调来了多辆救护车。

但是，离去的，的确只有公交司机——何国强。

医生说，何国强是因为突发脑干出血……脑干出血发病速度很快，甚至一两分钟之内病人就会昏迷，感觉非常痛苦。同时，病人在发病时，极有可能会出现头晕、看东西模糊（mó hu）等症状……

滨子，一个刚强的东北汉子，面对着众多医生护士哭得不能自已！

他说，他登上车的时候，熄火的公交车已经拉上了手刹。也就是说，何国强在生命的最后时刻，不仅将车安全地停在路边，打开警示灯，还拉起了手刹，开了下客门。这对于当时的何国强来说是多么艰难啊！

2007 感动哈尔滨人物何国强，一个平凡的公交司机，用生死之时非凡的抉择（jué zé），告诉了我们什么是职责！

（根据姜皓《生死抉择》改编）

Glossary

1. 司机（sī jī）：driver

   Ex.: 司机准时到达，然后我们上路了。

   —The driver arrived on time, and then we hit the road.

2. 铺天盖地（pū tiān gài dì）：overwhelming

   Ex.: 新闻报道铺天盖地，使得我们难以忽视这个问题。

   —The news reports are overwhelming, making it hard for us to ignore this issue.

3. 十字路口（shí zì lù kǒu）：crossroad

   Ex.: 在十字路口，我们选择了向左转。

—At the crossroad, we chose to turn left.

4. 高峰 *gāo fēng*: peak; the highest point in the development of a metaphor

    Ex.: 他的事业在四十岁时达到了高峰。

    —His career reached its peak when he was forty.

5. 应急灯 *yìng jí dēng*: emergency light

    Ex.: 应急灯在黑暗中发出了明亮的光。

    —The emergency light shone brightly in the dark.

6. 乘客 *chéng kè*: passenger

    Ex.: 乘客们在飞机上等待着起飞。

    —The passengers are waiting for the plane to take off.

7. 恼火 *nǎo huǒ*: annoyed; irritated

    Ex.: 他对我一直迟到感到非常恼火。

    —He was very annoyed at me for always being late.

8. 医护人员 *yī hù rén yuán*: medical staff

    Ex.: 医护人员正在全力以赴的工作，以应对这场疫情。

    —The medical staff are working hard to deal with the epidemic.

9. 模糊 *mó hu*: vague

    Ex.: 对于这个问题，我只有一个模糊的概念。

    —I only have a vague concept of this issue.

10. 抉择 *jué zé*: choice

    Ex.: 在大学和工作之间，我需要做出一个抉择。

    —Between college and work, I need to make a choice.

Cultural Navigation

In China, if you're in a medical emergency, you dial 120, while in the West, it's typically 911 that covers all kinds of emergencies. The contrast in emergency numbers and response systems stems from the differing priorities between the

East and the West. China focuses on medical emergencies as the most crucial, while the West takes a more inclusive approach. Knowing these differences is vital for people living or traveling in either region to respond properly in an emergency. So, if you're visiting China, make sure you remember to dial 120 if you need prompt medical assistance!

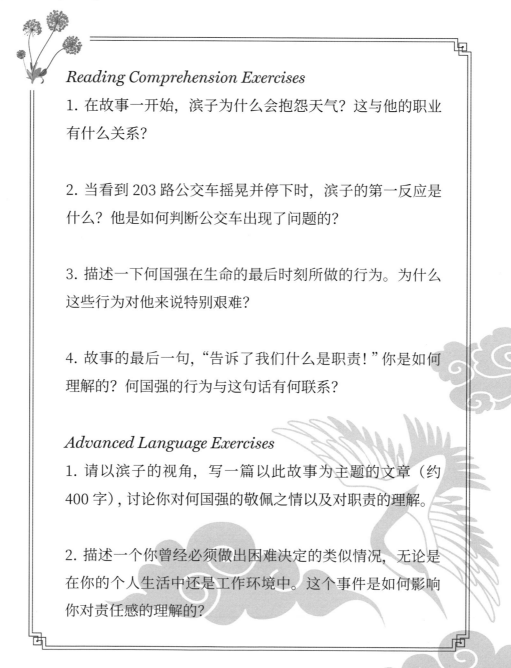

Reading Comprehension Exercises

1. 在故事一开始，滨子为什么会抱怨天气？这与他的职业有什么关系？

2. 当看到 203 路公交车摇晃并停下时，滨子的第一反应是什么？他是如何判断公交车出现了问题的？

3. 描述一下何国强在生命的最后时刻所做的行为。为什么这些行为对他来说特别艰难？

4. 故事的最后一句，"告诉了我们什么是职责！"你是如何理解的？何国强的行为与这句话有何联系？

Advanced Language Exercises

1. 请以滨子的视角，写一篇以此故事为主题的文章（约 400 字），讨论你对何国强的敬佩之情以及对职责的理解。

2. 描述一个你曾经必须做出困难决定的类似情况，无论是在你的个人生活中还是工作环境中。这个事件是如何影响你对责任感的理解的？

轻点关门

Close the Door Gently

费了九牛二虎之力，我们终于搬进了新居。送走了最后一批前来祝贺的朋友，我与妻子便重重地躺倒在沙发上休息。

忽然，门铃响了。这么晚了还有客人？我忙起身开门。门外站着两位不认识的中年男女，看上去是一对夫妻。在我的满脸疑惑中，那男子自我介绍说，他们是一楼的住户，姓李，特地上来向我们祝贺乔迁之喜。哦，原来是邻居啊！我赶紧把他们往屋里让。

李先生连忙摆手："不麻烦了，不麻烦了，还有一件事情要请你们帮忙。"我说："千万别客气，能做到的事情我们一定效劳。"李先生道："以后每次出入的时候，能不能轻点关楼道的防盗门。我老父亲心脏不太好，他受不了重响。"说完，静静地看着我们，眼里流露出一股浓浓的歉意。我说："当然没问题，只是怕有时候急了，便会顾不上。既然你父亲受不了惊吓，为什么还要住在一楼？"旁边的李太太解释道："其实我们也不喜欢住一楼，既潮湿又脏，但是老父亲腿脚不方便，而且心脏病人还要有适度的活动。"听完后，我心里顿时一阵感动，便答应以后尽量小心。两口子千恩万谢，弄得我们挺不好意思的。

在接下来的日子里，我发现，我们楼道的门与别的楼道的门确实不太一样，大伙儿开、关门时，都是轻手轻脚的，绝没有其他楼道时不时"咣当"一声的巨响。一打听，果然都是受了李先生所托。

转眼一年就过去了。有天晚上，李先生夫妇又按响了我们家的门铃。一见到我们，二话没说，就先给我和妻子深深地鞠了个躬，半天头也没抬起来。

我急忙扶起他们询问。李先生的眼睛还红肿着。原来，昨天晚上，李先生的父亲在医院去世了。临走之前，他没忘了跟李先生交代：非常感谢大家伙儿

这些年来对自己的照顾，麻烦各位了；要李先生见到年纪大的邻居叩个头，年纪轻的，就鞠一躬，以表示自己对大家的感激。我用眼睛偷偷一扫，果然李先生裤子的膝盖处有两块灰迹，想必是叩头叩的。

送走了李先生夫妇，我忍不住感叹："轻点关门，其实只是举手之劳（jǔ shǒu zhī láo），居然还换来了别人如此大的感激，真是想不到也担不起啊。"

Glossary

1. 费了九牛二虎之力（fèi le jiǔ niú èr hǔ zhī lì）：take a lot of effort

   Ex.: 学习新语言费了九牛二虎之力，但结果是值得的。

   —Learning a new language takes a lot of effort, but the result is worth it.

2. 乔迁（qiáoqiān）：move to a new house

   Ex.: 他们乔迁到了新房子，这个新地方更靠近他们的工作地点。

   —They moved to a new house, this new place is closer to their workplace.

3. 邻居（lín jū）：neighbor

   Ex.: 我的邻居是一个很友好的人，我们经常一起吃晚餐。

   —My neighbor is a very friendly person, and we often have dinner

   together.

4. 效劳（xiào láo）：help (to provide a service or contribute to someone's work or labor)

   Ex.: 他在厨房里效劳，帮忙做晚餐。

   —He helped in the kitchen by making dinner.

5. 歉意（qiàn yì）：sorry

   Ex.: 他对因为自己的疏忽导致的问题深感歉意。

   —He felt sorry for the problems caused by his negligence.

6. 举手之劳（jǔ shǒu zhī láo）：as easy as lifting one's hand; no effort at all

   Ex.: 对于他来说，解决这个数学问题就如同举手之劳。

   —For him, solving this math problem is as easy as lifting his hand.

The kowtow is an age-old practice in China that involves deep bowing and touching one's forehead to the ground as a sign of respect and honor. It's a way of showing humility and reverence toward one's elders, ancestors, and high-ranking officials, a value deeply ingrained in Chinese culture. Respect is considered an essential virtue in Chinese society, as it fosters harmonious relationships between individuals. Although kowtowing is not as prevalent in modern-day China, it is still practiced on specific occasions, such as during Chinese New Year, when the younger generation kowtows to the elders as a sign of reverence or to request red envelopes.

Reading Comprehension Exercises

1. 为什么李先生夫妇会请求楼道的人轻点关门？这个请求对故事情节有何影响？

2. "其实我们也不喜欢住一楼，既潮湿又脏，但是老父亲腿脚不方便，而且心脏病人还要有适度的活动。"请问这句话透露出李先生夫妇什么样的人格特质？在中国文化中，这种行为意味着什么？

3. "轻点关门，其实只是举手之劳，居然还换来了别人如此大的感激，真是想不到也担不起啊。"你如何理解主人公的这种态度？这是否反映出一种特定的价值观？

4. 根据李先生夫妇的行为和主人公的反应，分析他们对邻里关系的理解和态度。

Advanced Language Exercises

1. 请就你所理解的中国传统的尊老爱幼文化，写一篇文章（约 400 字）。

2. 假设你和你的同伴是主人公和李先生，你们在一次邻里活动中进行对话。你们需要根据故事中的角色和经历进行对话。请使用从故事中学到的词汇和表达方式。例如：举手之劳、感激等。

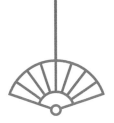

心锁
The Lock in the Heart

刘师傅被人尊称为"锁王"，他技艺高超，只要是锁，没有他打不开的。因此，他在当地是个不大不小的名人，就连当地的警察也和他常来常往，一旦案件中有需要开锁的事儿，便请他去解决问题。因为有了这手绝活儿（jué huó），刘师傅日子过得和和美美的。

为了学到刘师傅的绝技，不少人用尽各种办法想拜他为师，但都被他拒绝了。时间久了，大家都知道了他的这个古怪（gǔ guài）脾气，也就没人自讨没趣（zì tǎo méi qù）去拜他为师了。但是，这并不影响刘师傅的声誉，他心地善良，乐善好施（lè shàn hào shī），如果你修锁时没钱，你只管走人就是，他从不开口要，等你下次来一并付了，他却早把这事给忘了，只会淡淡地说有这回儿事吗。

后来，刘师傅的年纪越来越大，身体一天不如一天。大家都劝他招个徒弟，因为邻居们怕丢了钥匙进不了家门；当地的警察怕他的绝技失传，影响案件的进展……刘师傅便想，这手艺还真不能后继无人，要不然会给大伙带来多少麻烦、多少不便啊！于是，经过挑选，他初步物色了两个年轻人，一个叫大张，一个叫小李。

刘师傅的绝技只能单传，也就是说只能传给其中的一个人。在经过一段时间的学习后，刘师傅发现，大张聪明伶俐（líng lì），为人热情豪爽；小李木讷老实，心地善良……两个徒弟各有特点，绝技传给哪个好呢？刘师傅决定对他们进行一次测试，谁表现得更好就把绝技传给谁。

刘师傅弄来了两个保险柜（bǎo xiǎn guì），分别放在两个房间内，然后让大张和小李分别去打开。大张用了不到十分钟就把保险柜打开了，在场的人都为他高超的技术叫好，大张也一脸得意。

小李用了十五分钟才把保险柜打开，技术明显不如大张。小李羞红着脸看了刘师傅一眼，但刘师傅并没有责怪他。

接下来，刘师傅平静地问大张："你打开的保险柜里都有什么？"大张得意地说："师傅，保险柜里有一沓百元钞票，一个金戒指，一块手表。"

刘师傅转身问小李："说说你打开的保险柜里都有什么？"小李的鼻尖上都有了汗珠，说："师傅，我没看保险柜里都有什么，您只让我打开锁。"刘师傅
赞许地对小李点了点头，连说"好，好，好！"然后，刘师傅当场宣布，小李为他的接班人。

众人非常不明白，议论纷纷。大张也表示不服气，说："凭什么呀，难道小李的手艺比我好？"刘师傅没有说别的，拍了拍大张的肩膀说，凭你的手艺和聪明劲，回去开个修锁的店还是饿不死的。大张仍然不甘心，非要刘师傅解释清楚他输给小李的原因。

刘师傅叹了口气说："因为你打开了两把锁。"大张不解，说："大家都看到了，我只打开了一把锁啊！"在场的人也都说："是啊，大张没做错什么啊，刘师傅您是不是糊涂了？"

刘师傅微微一笑，转向大张，语重心长地说："孩子，干我们这一行的，必须做到心中只有锁而没有其他东西，心中还必须有一把不能打开的锁，那就是心锁！"

在场的人都一下子明白了，大张也低下了头。

（根据侯发山《心锁》改编）

 **Glossary**

1. 绝活 (jué huó)：unique skill

    Ex.: 烹饪是他的绝活，他的饭菜总是美味得令人难以忘怀。

    —Cooking is his unique skill, his dishes are always deliciously unforgettable.

2. 古怪 (gǔ guài)：eccentric

    Ex.: 她有一些古怪的习惯，但这使得她在人群中独树一帜。

—She has some eccentric habits, but this makes her stand out in the crowd.

3. 自讨没趣:court a rebuff
   zì tǎo méi qù

   Ex.: 对他继续提问只会自讨没趣，因为他不愿意分享更多的信息。

   —Asking him further questions would only court a rebuff, as he's

   unwilling to share more information.

4. 乐善好施:be charitable; love to do good deeds and help others
   lè shàn hào shī

   Ex.: 他乐善好施，总是帮助那些需要的人。

   —He loves to do good deeds and help others, always assisting those in

   need.

5. 伶俐:smart
   líng lì

   Ex.: 她非常伶俐，能快速解决问题。

   —She is very smart and can solve problems quickly.

6. 保险柜:safe
   bǎo xiǎn guì

   Ex.: 我将所有的珠宝都放在保险柜里以确保它们的安全。

   —I put all the jewelry in the safe to ensure their safety.

7. 赞许:praise
   zàn xǔ

   Ex.: 教师赞许他在数学问题上的独创思维。

   —The teacher praised him for his original thinking in mathematics.

8. 甘心:willingly
   gān xīn

   Ex.: 尽管工作困难，但他还是甘心付出努力。

   —Despite the difficulty of the job, he is willing to put in the effort.

Cultural Navigation

Professionalism goes beyond just doing your job well. It's about having a set
of values and behaviors that reflect positively on you and your profession.
In China, the principles of professional ethics are rooted in Confucianism,
which emphasizes personal integrity, loyalty, honesty, and respect for

authority. Being a professional means being dedicated and responsible, while staying humble. It's not just about making money, but about contributing meaningfully to society. Professionals are expected to be ethical leaders and to prioritize their clients' or customers' needs above their own.

Reading Comprehension Exercises

1. 大张和小张有哪些不同点?

2. "刘师傅叹了口气说:'因为你打开了两把锁。'"这句话中的"两把锁"指的是什么?

3. "孩子,干我们这一行的,必须做到心中只有锁而没有其他东西,心中还必须有一把不能打开的锁,那就是心锁!"据刘师傅的行为,解释"心锁"的含义,并分析他为何选择小李作为自己的徒弟。

Advanced Language Exercises

1. 请写一篇文章,讲述对行业技术和道德的理解(约 400 字)。

2. 假设你是小李,几年后你成为了新一代的"锁王"。你现在正在为自己的徒弟进行测试。你需要根据故事中的角色和经历进行对话。请使用从故事中学到的词汇和表达方式。例如:心锁等。

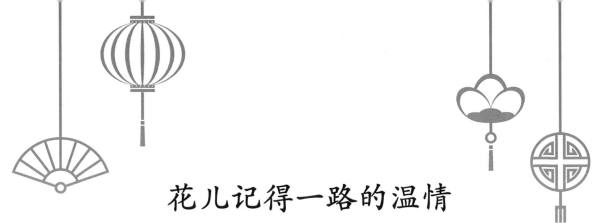

花儿记得一路的温情

Sisterhood

那一年她考到北京读研究生的时候，曾有过犹豫，每年六千元的学费，让她这个失去父母一路靠减免学费读完大学的女孩，徘徊(pái huái)了很久。最终，强烈的求知欲望，让她决定贷款再读三年。

班里总共十二个人，全是女孩。每天读完书，一群女孩最乐意做的，就是聚在一起，讨论流行服装、明星杂志、旅游名胜。她喜欢这群热情开朗的女孩，也喜欢听她们得意地聊天。都是女孩，所以能相互懂得彼此，她从没有因为自己经济困难，而自动地与这一群生活优越的女孩划清界限。而她们，也从没有因为她衣着朴素，而不屑(bú xiè)与她聊新款的服饰。许多人在校园里，看见这样一群牵手走过的女孩，常常会惊叹：竟然还有如此心心相印(xīn xīn xiāng yìn)的一群女孩，简直像枝头的一簇花儿一样呢！连她们的导师也称赞说，带过的每一届学生，都因为大家忙于挣钱忙于恋爱，而让一个集体如一盘散沙，甚至到最后一顿毕业晚宴，都无法聚齐；唯独这一届，全是任性爱臭美的小女孩，偏偏站在一起，像一株白玉兰树，大朵大朵的花绽放开来，便是一个灿烂的春天。

但她还是在那一年的秋天里，偶尔感到了一丝想要逃避的凉意。她从一个小镇上来，大学也是在郊区读的，到了北京，又恰好遇到了这样活泼的"驴友(lú yǒu)"，才让她知道，城市原来都像北京，有她无法想象的繁华(fán huá)。她从她们的口中，了解到全国各地许多好玩的去处和好吃的食物。她们怀揣着一股子诚挚的浪漫，决定在这三年里，将十二个人所处的城市，不仅逛遍，而且吃遍。这个决定一出来，她便有些不敢说话了，她不知道如何向她们解释，自己到了北京，才真正接触到了城市，此前，她从来没有将钱"浪费"在出行上。况且，每到一个城市，便由"东道主(dōng dào zhǔ)"负责一切旅游费用，也是她无法承受的。但她

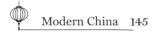

的确不想扫大家的兴，只好悄无声息地退到一边去，等着她们商量出最终的行程路线后，再找一个合适的理由退出。

最终，她们决定抽签来确定三年的旅游线路。她依然记得那一个秋日的清晨，她与她们坐在银杏飘香的窗前，等着班长将十二张写有数字的纸条，团成一个个小小的球。她的脸上，除了微微的紧张，还有一丝丝的哀伤。她希望自己能够抽到最后一个，这样，她就可以用三年半工半读攒下的钱，请这帮好姐妹逛一次自己的小城，尽管那个小城里没有高楼大厦，也没有长长的购物街，但那里有青山绿水，她可以带她们在小溪旁的绿地上，宿营，点起篝火，唱歌，或者笑成一团。可是，她更希望的，是自己在抽到后，能够找到一个不伤害彼此感情的理由，做一个梦想的旁观者。是的，她是情愿做一个旁观者的，她并不抱怨命运，她不想让别人看到自己的困难，但她会微笑着，为她们充满迷人芳香的旅程，点起祝福的火把，将她们过往的每一个小站，一一照亮。

班长将十二张纸条，郑重（zhèngzhòng）地放在桌子中间的时候，大家都不约而同（bù yuē ér tóng）地看向班长，等候她下令来抽。班长很酷地一伸手，指指坐在身旁的她，笑道："今天我这班长，为自己谋点私利，谁有幸挨在我右边，谁就先抽。"她羞涩地低下头去，为自己的这一特权，微微红了脸。其余人则"嗷"一声取笑班长的自以为是，但笑过之后，则叫道："这次就给班长一个面子，你先抽吧。"她看一眼眉飞色舞的班长，笑一声，将手伸向桌子，略一停顿，便拿起其中的一个。她刚一拿起，其余十一只手，便飞速地将纸团捏起。她还没有打开，周围的人便高声嚷开了自己的顺序。班长则在一旁，飞快走笔，迅速记了下来。大家挤闹成一团，她是最后一个将自己的号码告诉班长的。事实上，不用她告诉，班长也能从记录里毅然地断定，她一定是最后一个了。

她的确幸运地成了最后一个。她想，三年的时间，足够她挣一笔路费，请她们去安静的小镇上玩。这，应该算是自己，回馈（huí kuì）给她们这份姐妹情谊的最好的礼物了。

（根据安宁《花儿记得一路的温情》改编）

Glossary

1. <ruby>徘徊<rt>pái huái</rt></ruby>：hesitate

   Ex.: 在决定是否接受那份工作上，她一直在徘徊。

   —She has been hesitating about whether to accept the job.

2. <ruby>不屑<rt>bú xiè</rt></ruby>：do not think it is worth

   Ex.: 他不屑于参加这种无聊的活动。

   —He does not think it is worth participating in such a boring activity.

3. <ruby>心心相印<rt>xīn xīn xiāng yìn</rt></ruby>：coincide; agree with each other

   Ex.: 他们的观点心心相印，都认为应该更加关注环保问题。

   —Their views coincide, both believing that more attention should be

   paid to environmental issues.

4. <ruby>驴友<rt>lú yǒu</rt></ruby>："donkey friend," a homonym of "tour pal" and a name for outdoor

   sports and self-help travel enthusiasts

   Ex.: 我的驴友们常常一起去户外探险。

   —My tour pals often go on outdoor adventures together.

5. <ruby>繁华<rt>fán huá</rt></ruby>：prosperous

   Ex.: 那个城市以其繁华和活力而闻名。

   —The city is famous for its prosperity and vitality.

6. <ruby>东道主<rt>dōng dào zhǔ</rt></ruby>：host

   Ex.: 作为东道主，他热情地欢迎所有的客人。

   —As the host, he warmly welcomed all the guests.

7. <ruby>郑重<rt>zhèngzhòng</rt></ruby>：seriously and solemnly

   Ex.: 他郑重地向她道歉，为他之前的错误表示歉意。

   —He apologized to her seriously and solemnly for his previous mistakes.

8. <ruby>不约而同<rt>bù yuē ér tóng</rt></ruby>：coincide

   Ex.: 尽管他们没有讨论过，但他们的意见不约而同地认为应该采取行动。

—Although they didn't discuss it, their opinions coincide in thinking that action should be taken.

9. 回馈 huí kuì : give back

    Ex.: 公司决定通过提供奖学金来回馈社区。

    —The company decided to give back to the community by providing scholarships.

Cultural Navigation

In Chinese culture, being a suitable host is more than just a social expectation—it's considered a virtue. The concept of "东道主" emphasizes the importance of providing hospitality to guests and making them feel welcomed and comfortable. This includes offering food and drinks, showing them around, and engaging in polite conversation. Chinese hosts typically refuse payment from their guests and treat them as honored visitors. This cultural value of hospitality is also important in business interactions, where building positive relationships with Chinese partners or clients is crucial. To cultivate such relationships, it is important to show respect and hospitality by inviting them to social events, offering gifts, and attending to their needs. The girls in the story value the concept of "东道主" and take turns entertaining each other in their respective hometowns, despite the protagonist's concerns about her financial situation.

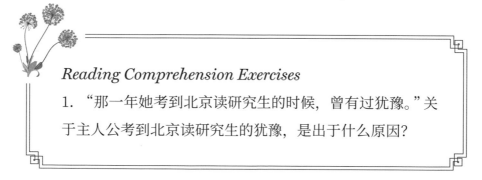

Reading Comprehension Exercises

1. "那一年她考到北京读研究生的时候，曾有过犹豫。"关于主人公考到北京读研究生的犹豫，是出于什么原因？

2. 女孩们决定如何安排她们三年的旅游路线？主角对这个决定有什么感受？

3. "她的确幸运地成了最后一个。她想，三年的时间，足够她挣一笔路费，请她们去安静的小镇上玩。"这句话透露出主人公对未来有什么样的期待？

Advanced Language Exercises

1. 对主人公最后被选为旅游线路最后一站的情感做一次分析，并探讨她为何接受这个结果的原因。

2. 本文中有很多形容词，请你找出来并尽可能多地使用它们来描写一段景色。

3. 撰写一篇文章（约450字），描述这个故事中主人公和朋友们之间的关系，并谈谈你对友谊和同情的理解。

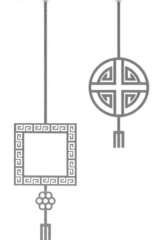

认真的快递小子

A Conscientious Courier

他是个快递送货员，人称"快递小子"。他二十岁出头，长得很一般，还戴着厚厚的眼镜，一看就知道是刚做这行，竟然穿了西装打着领带，皮鞋也擦得很亮。说话时，脸会微微地红，有些羞涩。

那次是他第一次来，也是送名片。只说了几句话，说自己是哪家公司的，然后认真地用双手放下名片就走了。有同事说，这个傻小子，穿皮鞋送快件，也不怕累。

几天后又见到他。接了他名片的同事要寄信，就给他打了电话。电话打过去，十几分钟的样子，他便过来了。还是穿了皮鞋，说话还是有些紧张。

单子填完，他慎重地看了好几遍才说了"谢谢"，收钱，找零钱，用双手递过去，好像在完成一个很庄重的交接仪式。

因为他的厚眼镜，他的西装皮鞋，他的沉默，我就记住了他。隔了几天我要给家人寄东西，就跟同事要了他的电话。他很快过来，仔细地把东西收好，带走。

转眼到了"五一"劳动节，放假前一天快中午的时候，听到楼道传来清晰的脚步声，随后有人敲门。竟然是他。他手里提着一袋红红的苹果，进了门还没说话，脸就红了。

他把苹果放到茶几上，看起来很不好意思。他说："我的第一份业务，是在这里拿到的。我给大家送点水果，谢谢你们照顾我的工作，也祝大家劳动节快乐。"

我们都有些不好意思起来，只是无意让他接了几次活，实在谈不上谁照顾谁。他却坚持把苹果留下来，然后很快出了门。

苹果个头都不大，味道还有一点儿酸。可是我们谁也没有说一句不好的话。半天，有人说，这小子，挺有人情味的。

大家慢慢就熟悉起来了。有次同事跟他开玩笑说："你老穿得这么规矩，一点儿也不像送快递的，倒像卖保险的。"

他认真地说："卖保险都穿那么认真，送快递的怎么就不能？"

我想，他大概是这行里最听话的员工吧！这么简单的工作，他做得比别人辛苦多了，可这样的辛苦，最后能得到什么呢？我不太看好他，觉得他这么笨的人，想发展好应该不太容易。

果然，快递小子的送货生涯(shēng yá)一干就是两年。

那天我打电话让他来取东西。我的一位同学在一所大学教书，要结婚了，我有礼物送给她。填完单子，他核对(hé duì)时突然说："啊，是我念书的学校。"他的声音很大，把我吓了一跳。他又说："我是在那里毕业的。"

这次我听明白了，不由抬起头来，有些吃惊地看着他。"你也在那里上过学吗？"

可能那个地址让他有些兴奋，他说："是啊是啊，我是学财会的，2004 年刚毕业。"

天啊！我忍不住问他："你有学历(xué lì)也有专业特长，怎么不找其他工作？"

他有些不好意思，说："当时不知道工作那么难找，找了几个月才发现实在太难了。正好快递公司招快递员，我就去了。干着干着觉得也挺好的……"

"那你当初学的知识不都浪费了？"我还是替他可惜。

"不会啊。送快递也需要有好的专业知识才能提高效率，比如把客户根据不同的地方、不同的业务类型分类，业务多的客户一般送什么，送到哪里，私人的如何送……"他笑着说，"知识哪有白学的？"

我真对他有些另眼相看了，没想到笨笨的他却这么有心。

转眼又到了"五一"，那天给他打电话请他来取东西。电话是他接的，来的却是另外一个更年轻的男孩。他说："我是快递公司的，主管(zhǔ guǎn)要我来拿东西。"

我愣了一下，转念才明白过来。"主管，他当主管了？"

"是啊。"男孩说，"年底他就要去南宁当分公司的经理了，提升他的理由

好几个'唯一'呢：他是公司唯一干得最长的快递员，是唯一有高学历的快递员，是唯一坚持穿西装的快递员，是唯一没有接到客户投^{tóu sù}诉的快递员……"

因为快递小子的事，那天，我心里感到特别高兴。

当天下午，他的快递公司送来同城快件，是一箱进口的橙子。虽然没有卡片没有留言，但我们都知道是他送的，拆开后每人分了几个。橙子很大，非常新鲜，味道很甜。隔着这些漂亮的橙子，我却看到了当初收到的那些小小的带着酸味的苹果。

 **Glossary**

1. ^{kuài dì}快递：courier

   Ex.: 快递员正在递送我在网上购买的商品。

   —The courier is delivering the goods I purchased online.

2. ^{shènzhòng}慎重：carefully

   Ex.: 他慎重地对待每一个决定，以防止犯错误。

   —He treats each decision carefully to prevent mistakes.

3. ^{zhǎo líng qián}找零钱：give change

   Ex.: 他给了我一张二十元的钞票，我找给他零钱。

   —He gave me a twenty-dollar bill, and I gave him change.

4. ^{shēng yá}生涯：career

   Ex.: 她一直致力于教育事业，这是她的生涯。

   —She has always been committed to education, which is her career.

5. ^{hé duì}核对：verify

   Ex.: 我们需要核对这份报告的所有数据以确保准确性。

   —We need to verify all the data in this report to ensure accuracy.

6. ^{xué lì}学历：degree

   Ex.: 他有博士学历，是我们团队中的专家。

   —He has a PhD (doctor of philosophy degree) and is an expert in our team.

7. 主管：supervisor
<ruby>主管<rt>zhǔ guǎn</rt></ruby>

Ex.: 我是这个项目的主管，负责所有的管理和协调工作。

—I am the supervisor of this project, responsible for all management and coordination work.

8. 投诉：complaint
<ruby>投诉<rt>tóu sù</rt></ruby>

Ex.: 如果你对产品不满意，你可以提出投诉。

—If you are not satisfied with the product, you can make a complaint.

Cultural Navigation

May Day, also known as International Workers' Day, is a public holiday celebrated in China on May 1st every year. This day is dedicated to recognizing the contributions of workers and laborers to society and advocating for their rights and better working conditions. It is an important day to honor the hard work and dedication of workers all over the world. In China, May Day is celebrated with various activities, such as parades, events, and celebrations that take place across the country. This day is also a popular time for travel and tourism, as many Chinese people take advantage of the holiday to explore different parts of the country or even travel abroad. The significance of May Day is not only limited to China but extends globally, as workers around the world come together to celebrate their achievements and advocate for their rights.

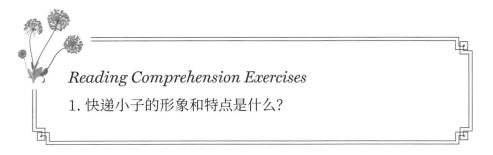

Reading Comprehension Exercises
1. 快递小子的形象和特点是什么？

2. "我的第一份业务，是在这里拿到的。我给大家送点水果，谢谢你们照顾我的工作，也祝大家劳动节快乐。"快递小子的这段话向我们展示了他的哪些品质？

3. 根据这个故事，你如何理解快递小子的职业发展轨迹？他的成功因素有哪些？

4. "因为快递小子的事，那天，我心里感到特别高兴。"根据你对故事的理解，解释这个句子的含义。

Advanced Language Exercises

1. 选择故事中的一幕，例如"五一"劳动节快递小子送来苹果的场景，将其改编成一段对话。请在对话中表现出角色的性格特点以及相应的情感。

2. 根据快递小子在这个故事中所展示的专业与负责，撰写一篇文章（约 450 字）讨论在职业生涯中表现出的个人品质对于成功的影响。

3. 从文化和社会的角度，分析快递小子的工作态度和职业精神如何反映出中国社会的价值观和期望。

STUDY NOTES

DATE:

DATE:

DATE:

DATE:

DATE:

DATE:

DATE:

DATE:

DATE:

DATE:

DATE:

DATE:

DATE:

DATE:

DATE:

DATE:

DATE:

DATE:

DATE:

DATE:

DATE:

DATE:

DATE:

Date:

DATE:

DATE:

DATE:

DATE:

DATE:

DATE:

ABOUT THE EDITOR

Guo Xi, a renowned professor and doctoral supervisor at Jinan University, also directs the Overseas Chinese Language Research Center under the National Language Commission. He holds adjunct and visiting positions at numerous universities globally, underlining his international stature in linguistics.

His scholarly contributions are extensive, including pivotal roles in significant projects such as the National Social Science Fund project and numerous published works. His notable books include *Chinese Sociolinguistics*, *Research on the Chinese Language*, and others. His latest endeavor, *Rainbow Chinese*, is a testament to his dedication to promoting Chinese language education worldwide.